子育てが楽になる ことばかけ

関わりことば26

コミュニケーション能力を伸ばします

公益社団法人 発達協会 常務理事
早稲田大学非常勤講師
湯汲 英史／著
マンガ・イラスト／齊藤 恵

すずき出版

子育てが楽になることばかけ

関わりことば26

コミュニケーション能力を伸ばします

公益社団法人 発達協会 常務理事
早稲田大学非常勤講師
湯汲 英史／著

マンガ・イラスト
齊藤 恵

すずき出版

子どもの発達と強靭性

子どもに関する育児書は数限りなくあります。どれも、子育ての際にどこか参考になることが書かれています。

筆者は40年近く、いわゆる発達障害のある子の評価やリハビリテーションに関する仕事をしてきました。発達障害のある子といっても、一人として同じ子はいません。それは、持って生まれた「気質」や、人や環境との関わりのなかで獲得される「性格」が違うからです。また、何が好きかといった「嗜好性」にも差異があります。ひとりひとりは違うのですが、発達がスムーズに進まない、進みにくいという点では共通する部分があります。

子どもの発達には、強靭性（タフネス）があるとされます。例えば、一般的には一歳過ぎになると、歩けたり話せたりするようになります。二歳では、運動機能が伸びて、自分で自分のことができるようになります。二語文を使って会話もできるようになってきます。四歳になれば、体の動きはさらに巧みになります。絵も人物画が描けるようになり、「一番、二番」など順位数が理解されてきます。五、六歳では、自転車に乗れたり、縄跳びができたりするようになりだします。文字や数への理解も飛躍的に進みます。

子どもの発達の姿には、年齢に応じた一定の順序があることがわかります。子どもの発達は、まわりの人も含めて、環境にあまり影響を受けない部分があります。それを「強靭性」と表現します。

「アンバランス」と「スロースターター」

発達に何らかの問題を持つ子は、大多数の子どもとは違う発達の姿を見せます。例えば、絵は上手なのに数には理解を示さないとか、運動は得意だけれどしゃべれないといった子たちがいます。全体的にバランスのとれた成長ではありません。この姿を、「発達のアンバランス」と呼んだりします。

ただ最近では、子どもの成熟の個体差についても目が向けられています。アンバランスの原因ですが、脳には運動や言語などをつかさどる領域

がありますが、子どもによってそれらの領域の成熟スピードが違うことから起こると考えられています。

「大器晩成」「晩熟型」などと言われますが、まさに脳神経系の成熟が「早熟ではない」タイプの子がいます。こういうタイプの子は、徐々にアンバランスが目立たなくなり、「キャッチアップ」と言いますが、平均的なレベルに達していきます。ゆっくり成長するタイプを「スロースターター」と呼びますが、中には成熟に連れて、とても優秀な面を見せだす子もいます。

社会性（社交性）とその領域

発達に何らかの問題を持つ子は、「社会性（社交性）」が未熟な場合がほとんどです。この社会性ですが、道徳とも重なる部分がありますが、大きく言えば、以下の三領域にわけることができます。

①自分に関すること（自己管理、物事への心構え、向上心、善悪の判断など）

②他の子や人に関すること（思いやり、助け合い、仲良くする、感謝の気

持ちなど）

③集団に関すること（公徳心、協調性、働くことや家族の大切さなど）

子どもの社会性を促すためには、名詞や動詞などをたくさん教えればいいというものではありません。この10年ほど、社会性の発達を促すための特別に重要な意味を持つことばがあると思うようになりました。

子どもに教えるべき「関わりことば」

子どもの発達の目的ですが、「自分で考えて判断し、行動できるようになること」と心理学では考えています。発達とは親の庇護から離れ、自主独立した存在になることです。この自主独立を確実にし社会性を育てることばを、私たちは「関わりことば」と名づけることにしました。子どもは、関わりことばを学ぶことで、自分自身を知り、気持ちも含めて自己コントロールする大切さを学びます。また、まわりの子や大人との関わり方を理解します。そして、家族も含めて集団内での振る舞い方を学習します。

お願い

この本では、発達心理学の最新の情報、トピックなどを織り込みながら「関わりことば」について解説しています。ぜひとも「関わりことば」の意味と目的を理解していただければと思います。

また、子どもの言動に問題を感じたときには、「関わりことば」がわかっていないのではないかと考えてみてください。そのことで、言動の背景にあるメカニズムがわかり、あわせて適切な対応の仕方が見つかるでしょう。

子どもとの生活とリアルな悩み

この本は、齊藤恵さんとのコラボレーションでできあがりました。齊藤さんは漫画家として活躍されながら、息子さんを自立させ、いまは娘さんの育児中という子育ての「現役」です。齊藤さんの絵やストーリーを読みながら、子どもとの生活がよく描かれているなと感心しました。また、時には鬼気迫るリアルな場面や悩みも出てきて、読者に共感を持って読んで

もらえることだろうと期待しています。

連続線上にある子どもの成長

子どもは、人生という連続線の上を歩きながら成長していきます。子どもは教えられなければわからないことがいっぱいあります。ある時期に「関わりことば」を獲得することが、連続線を歩く子どもの将来に、きっとプラスの影響を与えるはずです。

この本がわかりやすく、見やすくなったのは鈴木出版編集部の菊池文教さんと乙黒亜希子さんのおかげです。ありがとうございました。

2013年7月

湯汲　英史

もくじ

心配
大丈夫!!
不安

仕方ないよ
ガチャン

おはようございます
来たよ
元気だよ
びっくりしないでね
敵じゃないよ

ありがとー
はい

1

「そっと」

活発な子どもは、エネルギッシュに動きます。エネルギーがあふれるあまり、動きすぎ、乱暴、雑、うるさいと言われたりします。こういう子は、自分の動きを制御することが苦手です。「そっと」ということばかけで、行動のコントロール力を身につけさせます。

「そっと」

うちの子うるさいんです
ただいまー
バン
ゴン
ドーン
ゴガッ
もうちょっと静かにできないの?
……
ピタ
静止
口じゃなくてー
反抗的とか暴力的というのではなく…
片づけなさい!
はーい!!
がシャーン!!
あーー!
雑!!
投げないの! あーあ壊れちゃった
これ気に入ってたじゃない
ねー
ねー
この電車おじいちゃんにおねだりした思い出の…
ねー
ねー
ドス
痛いじゃない!
しー静かにしなさい

行動の制御と「社会脳」

「そっと」など、制御された動きができるのは、脳のなかでも前頭葉の働きによるとされます。この前頭葉は「社会脳」ともいわれます。相手の気持ちを想像し、細やかな気づかいをするなどは、社会脳の成熟と関係すると考えられています。

元気で活発な子どもが、まわりの人のことを考え、落ち着いて行動できるようになるのは、社会脳の成熟のおかげともいえます。

自分の行動を客観視できるのは9~10歳、「メタ認知」が形成されてから

自分の行動が、他者から見たらどう見えるのか。この他者の視点を心理学では「メタ認知」といいます。このメタ認知ですが、獲得されるのは一般的に9~10歳とされます。ですから、年齢の幼い子どもでは、この「メタ認知」がうまく働きません。

子どもが「メタ認知」を獲得するまでは、自分の行動がまわりの人にどう理解されているかがわからないといえます。

どう見えるかとともに、どういう行動が望ましいかを伝える

子どもには、「ガチャンはだめ」「強すぎる」「ドンドンしない」と注意しただけではわからないかもしれません。「ガチャンはだめ、そっとね」「強すぎる、やさしくね」「ドンドンさせない、静かにね」というように、注意といっしょに、適切な行動を伝える必要があります。

似た役割を持つことば

「やさしく」「フワッと」「静かに」など

…園で…

じゃあイスに座りまーす
はーい
ガタガタ
がががが
うるさーい
ががが
ドカ
バーン
サキくん イスはそっとひいてね
え?
❶ 禁止しないで具体的な行動を示す
サキくん外行こうよ!
うん
バーン
サキくん戸はそーっと開けてね
うん
❷ 根気よく繰り返し教える
数日後だいぶよくなってきたが…
ガシャ
あっ
そっとだった
まちがえちゃった? そっとだよね
❸ わかっていたときはたしなめる程度に

…家で…
お茶わん並べてね
割れちゃうから
そーっとね
うん！
4 おうちでも「そっと」を意識できる場面をつくる
そうそう
カシャカシャ音を出さないと上手！
カシャ
カシャ
ガシャ
あー残念
置くのもそっとよ
うん！
わんこー！
こんにちは
犬好き？
おとなしいよ
なでてみる？
びっくりするからそーっとなでるのよ
そ〜
5 チャンスを見つけたら繰り返しチャレンジ
電車やバスの中でも
ぶつからないようにそっと歩いて
うん
あらゆる場面で自分をコントロールできるよう経験を重ねていく

Q & A

「そっと」というような動作は、子どもに気をつける気持ちが足りないからできないのですか？　それとも、体をコントロールするのが、難しいのですか？

ふたつとも考えられます。子どもは教わらないと、制御的な動きをなかなか獲得できません。また、集団にも影響されます。騒がしい集団にいると、自分も影響されてしまい、落ち着かなくなりがちです。逆に、落ち着いたクラスでは、抑制が効いて安定するでしょう。

子どもの運動発達ですが、例えば「だるまさんが転んだ」の遊びで、一瞬で完全静止がとれるようになるのは6歳前後からです。それまでは、静止がうまくできません。ただ、「そっと」いう動きは、教えれば1歳台から少しずつできるようになります。

自分の動きを意志の力で止められるのは人間だけといわれますが、意識とか運動によって改善できるのですね。

子どもはまず、どういう行動が望まれているかを教わり、理解する必要があります。理解を確認しながら、意識的に制御された動きを繰り返し実行させます。例えば「なわとび」もそうですが、運動は“繰り返し練習”の結果、できるようになります。「そっと」など、自分でコントロールしなければならない動きも同じです。その動きを、場面場面で繰り返し教え、動作を習慣化させます。もちろんまだ子ども。気持ちが高ぶれば、行動は制御できないこともあります。小学生になっても気長に教えていきましょう。

「そっと」も大切ですが、「じっと」はもっと重要です。子どもがじっと待てるようになると、子育てはとても楽になります。「育児疲れ」の原因ですが、子どもが「待てない」のもひとつの理由となります。

「じっと」「手はおひざ」「待っててね」という声かけをしながら、待てる子どもにしていきましょう。「じっと」ができるようになると、子どもは人の話や動きに注意を向けられるようになります。つまりは、人から教わるのが上手な子になるといえます。

2

「大事、大切」

子どもにとって、何が大事、大切かがわかりません。幼いころから、大事、大切な人や物があることを教えていく必要があります。また、どうやったら人や物を大事、大切にできるのか、具体的に伝えていきます。

「大事、大切」

バンバン
あはは…
こらこら何してるの
バン
お魚がビックリしているでしょ！やめて！
だってピューンってお魚およいでおもしろーい
おもしろくないかわいそうでしょ
ビミョー
やめなさいね！
へ〜い
といった尻から…
おーい！こら
バンバン
おい！
きょうだいで
返せ！
どうして妹をたたくの？
オレの机に触って車取ったから！
取ってないでしょ！お友だちのこともすぐにたたくし！ダメって言ってるでしょ
一体いつになったらわかるの！
あははのどちんこでっけー

かみつく子ども

1歳台の子どもは、お母さんの膝にほかの子が座ると、怒ってその子の髪の毛を引っ張ったり、かみついたりします。お気に入りのおもちゃをほかの子に取られても、同じような姿を見せます。これらの姿は、自分にとって「大事、大切」な存在を意識しだした証拠ともいえます。

かみついた子ですが、時間がたつとかみつかなくなります。かみつくと、大人から「お友だちは大事、大切」と言われ、制止されます。このような経験を通して、お友だちは「大事、大切」という思いを育み、この思いがかみつきなどへのブレーキ役を果たすのでしょう。

乱暴が止まらない子

小学生になっても乱暴が止まらない子がいます。乱暴の背景には、理解力の弱さや感情のコントロール力の不足、あるいは情緒

的な問題を抱えていることがあります。なお、子どもの中には、「お友だちは大事、大切」という思いが育っていない子がいます。こういう子は、「乱暴はいけないこと」など道徳的な理由を言えたりしますが、自分では守れずに繰り返し乱暴します。そういう子は、「お友だちは大事、大切」と本人に言わせ、仲間を思いやる意識を育んでいきます。

「大事、大切」にされたい子ども

子どもは非力な存在です。「大事、大切」にされないと、ときには自分の命さえ守ることができません。子どもはまわりの人から「大事、大切」にされることで、それらがどういうことかを身を持って学ぶともいえます。

似た役割を持つことば

「ひとりしかいない」「たったひとつだけ」「これしかない」など

…園で…

ぽい
カラン
あららスプーン投げないでね
スプーンは大事！
1 大事ということの理解を促す
うわーん
せんせい ゆうくん たたいた
あのね ゆうくん
かわいそうに痛かったね
お友だちは大切なのだからたたかないで！
さっきスプーン投げたよね？ スプーンがないとごはん食べられないよ
大事
お友だちは大切にしないといっしょに遊べないよ
大切にしてね
2 まずは大事、大切というキーワードを教えていく

…家で…
3
「わかる」ことに時間がかかることを前提に！
だめよ！妹は大切にしてね
……
翌日また！
わーん
やめて！
ゆっくりゆっくりゆっくり
ママにしかられるのはいやだな…
変化していきます
ママはゆうくんのことも大切よ
妹のみいちゃんも大切なのわかる?
大切っていいな！
4
大切っていいことだと理解させる
ママがゆうくんを大切にしないとどう思う?
怒る！
違うよ悲しくなるよ
5
考え方を修正して示してあげることも
みいちゃんもお兄ちゃんに大切にされたいのよ
んー
数か月後ー
わーん
バナナふんだ? ころんで痛い?
6
少しずつ気づかいが見られるように…

Q & A

「大事、大切」というのは、1歳ごろからコツコツと積み重ねて成長させていくということですが…。

人間の感情には喜怒哀楽があります。4つの感情のなかで、「怒り」はマイナスに捉えられがちです。この怒りですが、自分の大事、大切にしている人や物を傷つけられたり、奪われたりすると発生します。怒りは、「大事、大切」な存在を守ろうという思いの表れでもあります。ささいなことで怒るのは問題でしょうが、怒りは必ずしも否定すべき感情ではありません。「大事、大切」の思いが育つことによって、強まってくる感情ともいえます。「大事、大切」な存在があるからこそ、人生は豊かになるとも思います。

親はどうしても「わかったかな？」と確信を持ちたくて、すぐに態度が変わることを求めてしまうのですが…。

繰り返しになりますが、何が「大事、大切」であるかを子どもはわかって生まれてくるのではありません。まわりの人間からそういう見方を教わりながら、「大事、大切」にすべき存在に気づいていきます。

実際に「大事、大切」と思い、関わり、扱えるようになるのは、理解のあとのことですから、時間がかかることがあるでしょう。

人に語り共感を得ることも…
「大事、大切」なことがあると
生きがいになる
守りたいという気持ちが芽生える
私も！
大切なの
へー
大事 大切

自分にとって「大事、大切」な存在があるからこそ、それを人に語ることができ、相手からの共感を得ることができたりします。また、「大事、大切」な存在は、自分の生きがいにも通じます。子どもが、「大事、大切」な存在に気づくことは、喜びや生きがいを発見し、その厚みを増すことにつながります。

逆に、もしも「大事、大切」に思える存在が何もなければ、空虚な日々となることでしょう。だからこそ、身近な大人は「大事、大切」という見方を教えていく必要があります。

充実した生活の元になる
お友だちは大切
お気に入りのおもちゃは大切
ママやパパは大切
あなたは ジブンは 大切
日々じっくりと重ねて教えていく

3

「だめ」

子どもは「やっていいこと」と「やってはいけないこと」について、十分な分別を持って生まれてはきません。ですから「やってはいけないこと」は「だめ」と明確に伝えなくてはいけません。「だめ」が危険を回避させ、あるいは「やっていいこと」が何かをはっきりとさせてくれます。

「だめ」

わーい
バス!!
ドタドタ
ママ! お金
やる
やるやる
ママが入れるよ
はい
わーい
あはは
貯金箱だ!
こら! 走らないで! 危ないから
ガタン
ここにつかまって
あれがいい!
あれがいいの
届かないでしょ
ピンポーン
あー
降りないよ!
降りないのに押さないの!
すみませーん
まちがえました

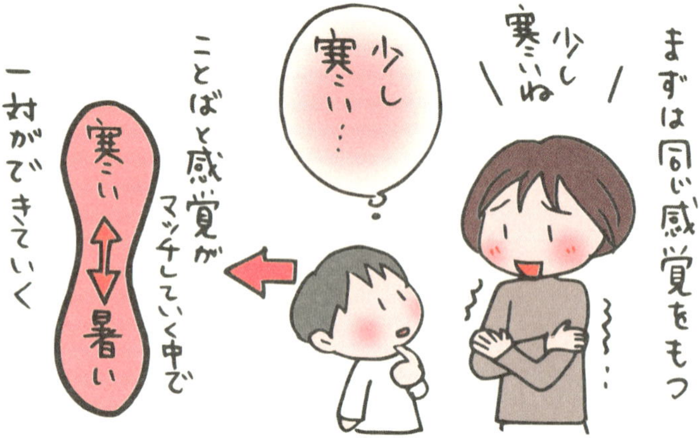
まずは同じ感覚をもつ
少し寒いね
少し寒い…
ことばと感覚がマッチしていく中で
寒い
暑い
一対ができていく

一対の概念ではかる人間

私たちは「これは大きいね」「いや、ぼくには小さいな」と、話したりします。大小、高低、美醜、多少、明暗など、人は自分がどう感じ、思っているかを一対の反対ことばではかり、表現したりします。そうやって、ほかの人と同じに感じていることや、違うことを伝えます。

しかし、自分の感じや思いを、うまく伝えられない子どもがいます。そういう子は、人との雑談の中によく出てくる、〝感じ合わせ〟〝思い合わせ〟のような会話体験が少ないように思います。体験が少ないので、表現が未熟なだけではなく、感じたり思ったりする力まで弱くなります。

こういう子には、「おいしいよね」「きれいだ」「少し暑いね」「暗いと思わない?」などの会話が必要です。

一対のことばのひとつにある
だめ
(やめてなど)
いいよ
(うれしいなど)
一対をしっかり感じることで
理解が深まっていく

「だめ」がわからないと、ほめられても喜ばない子に

物事を一対の概念ではかるという人間の思考の特徴は、乳児期から見られます。

お座りができるようになると、赤ちゃんはいろいろな芸を見せてくれます。喜ばれたいと思っているかのようです。同時に、口に入れてはいけない物を手にしたときに「だめ」と言われると手を止めたりします。まわりがほめると赤ちゃんの動きは促進され、「だめ」では抑制されます。逆に「だめ」がわからない子は、人からほめられても喜ばない傾向があります。

似た役割を持つことば

「やめて」「おしまい」「いけない」「しない」など

…園で…

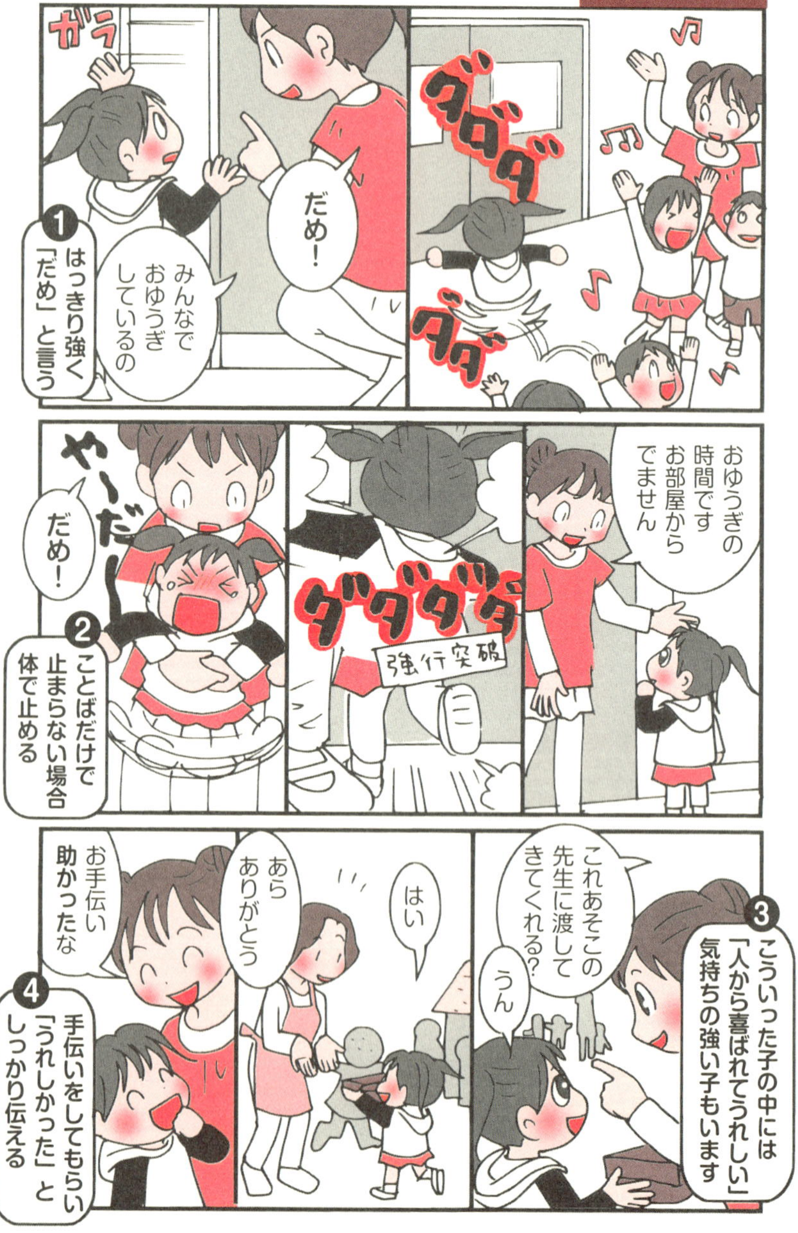

ダダダ
ダダ
ガラ
だめ!
みんなでおゆうぎしているの
1 はっきり強く「だめ」と言う
おゆうぎの時間ですお部屋からでません
ダダダダ
強行突破
やーだー
だめ!
2 ことばだけで止まらない場合体で止める
これあそこの先生に渡してきてくれる?
うん
3 こういった子の中には「人から喜ばれてうれしい」気持ちの強い子もいます
はい
あらありがとう
お手伝い助かったな
4 手伝いをしてもらい「うれしかった」としっかり伝える

…家で…
お母さん、けいちゃん今日お手伝いしてくれたんですよ
ね！
あら、えらかったわね
ほめられてうれしい
ほめられたい
これが「だめ」と言われて悲しいという心も同時に育てます
⑤ほめるところがなければ作る！これもテ
あら！今日はひとりで走って門から出ないでえらい！
フツーのことですが…
つまり「だめ」を押せば
「ほめられる」が上がるのではなく
「だめ」と「喜ばれてうれしい」は同時に伸びる
…
あ！「だめ」だやめないと
ダダダダダ
こうして「抑止力」を育てていく
喜ばれてうれしい
だめ

Q & A

「だめ」ということばを使わないように…という意見もありますよね。
でも実際には、説明ではなかなか伝わらなかったり、かえって危ないことを止めるタイミングが遅くなったりしたこともありました。

「だめ」ということばは短かくて、子どもの注意を引きつけやすい音でもあります。
子どもは、ことばの力が未熟な段階では、たくさんの単語を使った文章では伝わりません。やはり短かいことばと、それに合わせた表情で接しないとわかってもらえません。「だめ」ということばには、子どものまわりで起こりうる、さまざまな危険から身を守らせる役割があります。「だめ」ということばに、敏感にしておくことが危険回避に役立ちます。

危険回避だけではなく、「だめ」を理解することと「喜ばれる体験」は一対の概念で両輪となって発達していくというお話を聞いてとても意外でした。

「だめ」ということばは否定的に理解されがちです。ただ、これまでの説明でご理解いただけたかと思いますが、重要な役割を持つことばです。とはいえ、子どもを不必要に驚かせるような口調で、あるいは何度も繰り返して言うのは問題です。ほめてあげ、喜んでいる表情を十分に見せながら、ときに「だめ」と注意します。大切なのは、どちらか一方にならない、偏り過ぎないことなのだろうと思います。

『だめ』がいけないという考えは
だめ！
だめよ！
だめでしょ
『だめ』が一方的で多すぎると萎縮してしまうことへの心配も…
しかし！『だめ』は本来

いいよorうれしい（肯定）
だめ（否定）
の両輪で育てていくもの
だめ
だめ
だめ
だめ
だめ が わかることで いいよ
危険 が わかり 安全
世界を広げていける
身を守ることば でもある

子どもは天真爛漫《らんまん》と例えられるように、自分の思い通りに動き回ろうとします。ただ、子どものまわりには危険なことがたくさんあります。大人は、危険を回避させるために「だめ」を使います。「だめ」は子どもにとって、自分の行動を制限される初めてのことばです。それとともに「だめ」は、自分のことをよく見てくれる大人の存在に気づかせて、また自分が守られていることを実感させてくれることばでもあります。

4

「できた」

「できた」のことばですが、二つの役割があります。ひとつは、「ちゃんとやれたよ」と報告することです。これで、人との関わりが生まれます。もうひとつは、「これで終わり」という区切りの役割です。なお、子どもには場面の区切りである「おしまい」が、よくわからない段階があります。

「できた」

あらとこちゃん着替えは?
した
してないじゃない
おもちゃ片づけできたら教えて
う〜ん
まだ?
やった!
やってないでしょー
やった
ほら
おしまい
あらあらたったそれだけ?もっとやろうよ
なんかこのナワトビかわいくないしー
中身がぐるぐる回って目が回るからイヤ

行動を区切れない子ども

子どもを見ていると、例えば、積み木で遊んでいたかと思うと、片づけもしないでぬり絵を始めたりします。洋服の着替えをしながら、親が仕事で向かっているパソコンに近寄りキーボードに触ってきたりします。

子どもは、目に入るものや興味のおもむくままに、同時にいくつかのことをやろうとします。

ひとつひとつを区切り、片づけようとする大人

そういう子どもの姿を見ながら大人は、「ひとつの遊びが終わったら、それを片づけてから次の遊びに移りなさい」という考えを伝えたり、そう注意したりします。その方が合理的だからです。

しかし、子どもはひとつひとつをきちんと区切って、場面を変えることが苦手のようです。そこで、「○○を片づけてから、～しなさい」という大人の指示が必要となります。

「できた」と報告できることは、子どもに場面を「区切る力」がついたともいえます。

「段取る力」は、小学校高学年がひとつの目安

ひとつひとつの内容を区切って、順番に行動を組み立てて目標に到達すること、これは一般的には「段取り」ともいわれます。料理では、レシピなどが段取りをわかりやすくしたものといえます。子どもが学校でレシピに沿って料理を作るのは小学校の高学年です。つまり、大人のような思考ができるようになるのは、そのあたりなのかもしれません。ただ慣れたことについては、4歳ころから少しずつ段取る力がついてくるとされます。

似た役割を持つことば

「やったよ」「おしまい」「これでいい?」など

…園で…
着替えるよ まずはブラウス脱いでシャツを着て
おズボンも脱いで短パンをはくよ
① 必要ならカードなども使い手順をていねいに教える
やった! できた
② ものには終わりがあることを教える
じゃあ お片づけしまーす 本を本棚にしまいましょう
はーい
できたら教えてね
できた!
あのね、床の本がぜんぶ本棚に入ったらおしまい
んー
③ ここまでやったらおしまいということを教えます
じゃあ、お弁当を食べる机の形に並べようね
あ! がんばっているね
④ 努力の過程も認めて意欲を高めます

できた
わあ！できたね
5 区切りだけでなく評価もしていきます
上手にできたね！すごい
6 喜んでもらいたい人に認めてもらいたいという気持ちを形づくる
…家で…
今日はカブトとピアノを作ろうね
んー
7 終わりの見通しがつくようにする
できた！
んー
ぐしゃ
もう1回やろうね もっと角をちゃんと合わせて折ろう
そう
こっちの角とこっちをぴったり…
ぴったり
あっうまい！うまくなってきてる
8 本当のできたを教えるのも大切

Q & A

「できた＝きちんとできている」、「できた＝報告する」など、「できた」は、たくさんの内容を含んでいるんですね。

子どもはどういうことをすれば、自分の暮らす文化圏で自分自身が認められるかを、まずは、ことばだけではなく、肌で感じていると思います。「できた」と大人に報告し、それに対して「できたね」「まるだよ」「いいな」などという評価を受けることで、子どもは、「これでいいんだ！」という確信と、文化圏に所属できたという安心感を持つことができます。あるいは、「もうちょっとだね」「あと少しでできるね」「ここはこうして」といった意見を聞きながら、求められている内容が、具体的にわかってきます。

「できた」は、人とのコミュニケーションを作るうえで重要な働きを持っていると思います。

教えるほうもわかりにくいのは、「どうしたら、できたと思えるのか」とか「そうもっていくためには、こまめに注意したりほめたり」…など、やることが多いですね。

子どもは、特に幼児期にはその言動をよく観察し、こまめに教えていく必要があります。なにしろ子どもは、自分が何を求められているのかわかっていません。

子どもが「できた」と報告できるようになる背景には、自分のことを「こまめに見てね」という大人への要望も含まれているのではないかと思います。

子どもが発する「できた」ということばには、これまで述べてきたように多様な意味や役割があります。子どもの「できた！」に、大人は「すごいね」と自然に答えます。

もしも、「できた！」の報告に大人が何も反応しなかったとしたら…。「できた」「すごいね」の会話から、子どもと大人の間に人としての強いつながりが形成されるはずです。こういう状態を心理学では「応答的環境」といいます。子どもの言動にきちんと反応を返す、人的刺激も含めた環境が子どもの発達にはなくてはならないとされます。

5

「大丈夫」

子どもはひとりでは生きていけません。だれかに育ててもらわなくては成長できません。あわせて、気持ちのうえでも支えてもらえなくては、安定した情緒が育ちません。君のことをしっかりと見ているよ、というメッセージが、「大丈夫」のことばで子どもに伝わります。

「大丈夫」

さあ！今日はいっぱい遊ぶよー！！
キャー
盛り上がっていたのだけど
わーい
くまさんの飛行機乗ろうか？
ブンブン
あれ？好きだったんじゃなかった？
ルンルンお花のカップは？
やだ
かがみのおうちは？
やだー
や…
こわい～
10円のノリものもダメか
風船あげる
わーん
遊園地恐怖症だけならいいけれど
何で怖いの？
ギャー！
家のトイレもダメ…
何で？怖い怖い病かしら？

「大丈夫」と温室

安定した生活リズムは、子どもの成長にとってなくてはならないとされます。午前中はとにかく不機嫌で反抗的、といった子の中には「朝食抜き、遅い就寝時間（結果的に短眠状態）」が原因と考えられる子がいます。赤ちゃんも含めて、子どもが示すグズリ、不機嫌の理由には、しばしば空腹、眠さ、寒さ・暑さ、疲れなどがあり、生理的状態が情緒や意思に影響することがわかります。

子どもは変化を好んでいるようですが、例えば、旅行に行くときなどに、おもちゃや本など身近な物を持って行きたがります。実際には、旅先などでそれで遊んだり読んだりはしません。変化に弱い子どもが、不安を解消するために持って行くとされています。

子どもには、安定した生活リズムと不安を減らす存在が必要です。子どもに、温室のように守られていることを感じさせるのが「大丈夫」ということばかけです。

まず自分(大人)が安心できる人にならないと
大丈夫よー
心配
イヤ
コワイ
不安
こっちの仲間に入っている場合「大丈夫」はきかない

ときに、大人が「大丈夫！」と言い切る大切さ

子どもには、ときに「強い力で守られている」という実感も必要のようです。

大人が「大丈夫？」と子どもに問い合わせてばかりだと、かえって不安を強めることがあります。ときに強く、大人が「大丈夫！」と言い切ることが子どもに安心感を与えます。

似た役割を持つことば

「安心、安心」「これでいいんだよ」「よかったね」など

…園で…

どうもお友だちとのいざこざが、怖くて行きたくないと
よろしくおねがいします
わかりました注意して見ておきます
大丈夫だよ先生が守ってあげるよ
①子どもが安心できるように声かけする
いっしょに遊ぶ?
いや
声が大きいからいやなのかな?
ぶつかったりケンカするから
じゃあ、お絵かきのグループにしようか
先生も近くにいるし怖かったらおいでね
うん
できたよ!
かいて
②まずは安定できるように
あれ?
いつのまにかお外の友だちと遊んでる
痛い
痛かったねー保健の先生に行こうね
大丈夫?立てる?
うん
③励ます確認の大丈夫があります

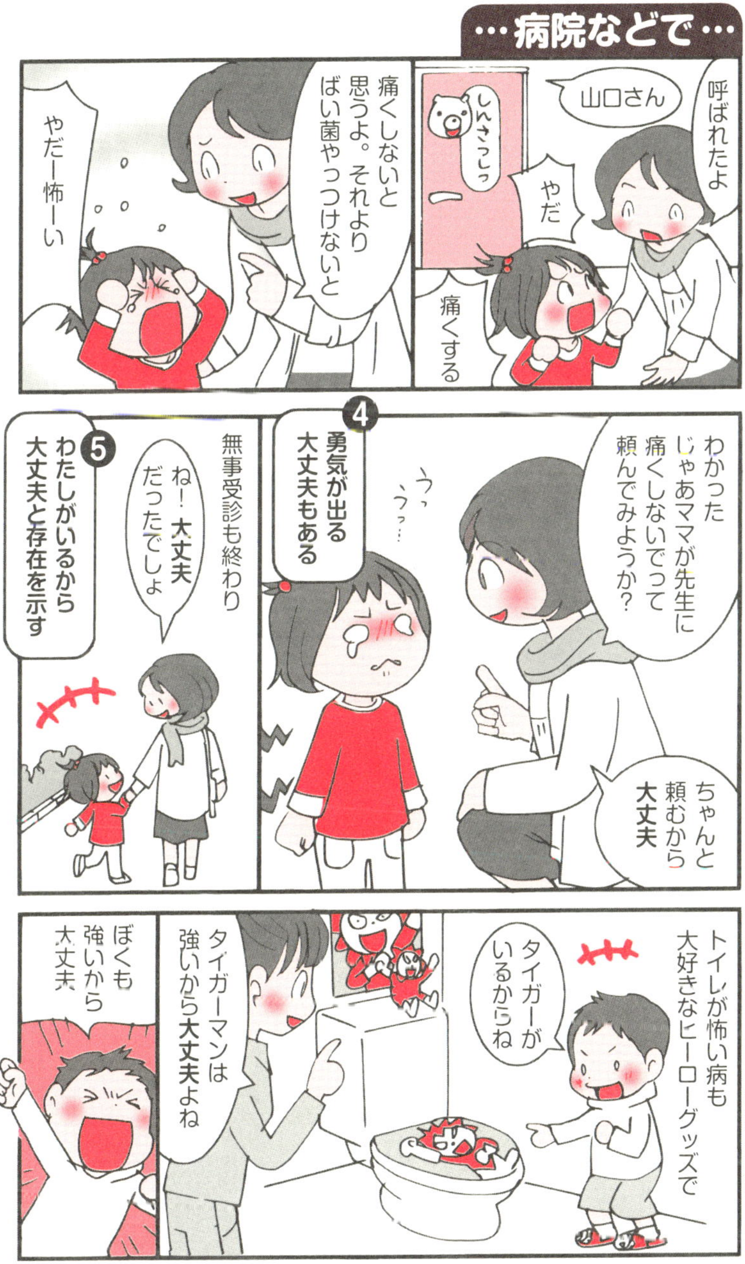
…病院などで…
呼ばれたよ
山口さん
しんさつしつ
やだ
痛くする
痛くしないと思うよ。それよりばい菌やっつけないと
やだー怖ーい
わかった じゃあママが先生に痛くしないでって頼んでみようか?
ちゃんと頼むから大丈夫
うっうっ…
4 勇気が出る大丈夫もある
無事受診も終わり
ね! 大丈夫だったでしょ
5 わたしがいるから大丈夫と存在を示す
トイレが怖い病も大好きなヒーローグッズで
タイガーがいるからね
タイガーマンは強いから大丈夫よね
ぼくも強いから大丈夫

Q & A

「あれほど無鉄砲で大胆だったのに、今日は小心者でどうして？」と、思うことがあります。本来は、どちらが本当の姿なのですか？

子どもは大人のように、自制することができません。「感情のコントロール力が未熟」といえます。また「理解力」や「社交力（社会性）」も相手や場所によって、発揮できたりできなかったりします。幼児期は、自分の考えや振る舞いをコロコロ変えるのはおかしいと思いません。

子ども時代は、感情のコントロール力も含めて、全体がバランスよく成長するとはいえません。子どもの発達の姿は、ひとりひとり違い、個性的ともいえます。振る舞いが変わるのは、自分を形成している途上にあるからと思ってください。

「大人がバックについてるぞ、安心して外で冒険しておいで」と、もっと言ってやるべきなんですね。

子どもが親から離れて、ほかの子の近くに行ったりしだすのは２歳前後からです。このころから、子どもは自分の思い通りに物事を決めようとしだします。自分のなかに自分自身で決める際の判断基準ができたから、親から離れられるようにもなったといえます。

人はひとりでは生きていけない、といいます。この「ひとりではない」という思いを確信させてくれるのが、「大丈夫」のことばであり、言ってくれる人の存在です。

特に子ども時代には、ひとり立ちに向けて挑戦し、冒険すべきことがたくさんあります。子どもによっては物おじするそのときに、勇気を与え背中を押してくれるのが、力強い「大丈夫！」の声かけです。子どもを育てていくなかで、一、二を争うほどに必要で、繰り返し子どもにかけたいことばです。

6

「～やって、～して」

子どもにわかるように話す、これが大切なことを大人は理解しています。ただ、子どもの意思を尊重するということで、１～２歳の子に「何やってもいいよ」と話しかけると、子どもはとまどうことでしょう。「コップ、取って」「ご本、持ってきて」など具体的に話さないとわかりません。

「〜やって、〜して」

晩ごはん何食べたい？
・・・
決めていいから
これ
イカ？イカ食べたいの
うん
食べたいって言ったくせに食べないの？
いらない
はい、これ
どうするんだっけ
フックにかける→
どこ行くの？
だ〜
カパ
ポイ
ザバザバ〜
キャーその帽子、洗濯機に入れたらダメでしょー
ザバー
ザバー
もーママは命令だけします
公園に行く!!
全部おもちゃ箱に入れなさい
そしてその服を着なさい

子どもとワーキングメモリの容量

人間は頭の中で、「AとB、どっちがいいかな」と比較検討できます。例えば、掃除をしながら、献立を考えることもできます。ただ結論が出ると、考えていたことを忘れてしまいます。こういう短期的な記憶をワーキングメモリといいます。

このワーキングメモリですが、7歳で3個になるとされます。幼児期ですが、メモリの容量が大きい子はいて、先生の話をよく理解し、聞き分けられることがあります。でも大半の子は、一度に三つの指示を出されると混乱するはずです。「何でもいいよ」という指示は、無限の中からひとつを選択するという意味で、子どもたちの能力を超える場合があります。「アとイ、どちらで遊びたいかな?」という、選択肢のあることばかけの方が、子どもにはわかりやすくなります。

自分から大人などに、「～やって、～して」と要求できない子ども

子どもの中には、社会性や情緒の発達に未熟さを抱え、そのために相手とうまく関われない子がいます。例えば、子どもから「遊んで（要求）」「～していい？（確認）」「電車きたね（報告）」といった表現ができなかったり、少なかったりします。こういう子には、「遊んで、だよね」「やっていいよ」など、子どもの思いを代弁しながら、表現法を教えていきます。

似た役割を持つことば

「ちょうだい」「ください」、要求するという意味での「やめて、いや」など

…園で…

じゃあ、お片づけして散歩に行きます
やったー
みきちゃんとようちゃんはおもちゃを箱にしまってくださーい
わーい
うん
1 子どもが理解しやすい指示を具体的にする
まーくんは本をりす組さんに返してきて！
はなちゃんはみんなの帽子を持ってきて
はーい
2 名詞や動詞を具体的に教える
はい、帽子ありがとう
先生、まーくんがたぬき組に本を持ってきましたけど…
あら、まーくん本はりす組さんに返してね
3 人の話をきちんと聞いているかも気をつけてみます
わーい
さあできました！お散歩出発！

…家で…
お昼ごはんは おうどんに しようかな パンにしよう かな？
ママ迷っちゃった から、たいち 決めてくれる？
うん
パンがいい！
4 二択だと考えて 結果を出せます
じゃあパンに しようね！ フルーツのお皿を テーブルに並べてね
うん
あらら どこ行くの？
ママは何て 言った？
5 きちんと聞いている のか確かめることも！
んーとね テーブルに行く
違うよ テーブルに フルーツの お皿並べて
そーっと 運んだほうが いいよ
フルーツのお皿 どれだと思う？ そう、それね
6 静かな口調で言えば 命令ではなく 提案になります

Q&A

確かに何かを選ぶのは、手がかりが大切ですよね。選択肢があってこそ適切な選択ができるということですね。

6歳の子どもが知っている単語の数は数千語ともいわれています。1歳の段階では数語ですから、飛躍的に言語を獲得していくといえます。なお単語の獲得数は個人差があり、また、豊かなことばかけがあったかなど、どういう言語環境で育ったかによっても、ことばの力は影響を受けます。

「何でもいいよ」という質問の仕方、つまりは無限大の答えの中からひとつを示させる形式を、オープン・クエスチョンといいます。これは、ことばの力が未熟な段階では難しい形式です。一方で、「ア、イ、どっちがいいかな？」はクローズド・クエスチョンといいます。質問文の中に答えのヒントがありますから、子どもにはわかりやすくなります。幼児の集団に対して、大人がオープン・クエスチョンばかりを続けると、子どもの集中力は続かず、クラス全体が落ち着かなくなります。

大人としては、子どもが少しものがわかってきたなと思うと、やさしさとか懐《ふところ》の大きさで「何でもいいのよ」と言っちゃうけれども、そう言われた方は途方にくれますね。

子どもは混乱して黙ったり、「わかんない」と反応したりします。子どもが「わかんない」と言ったり落ち着かなくなったりしたら、子どもには理解不能な内容と考えた方がいいでしょう。

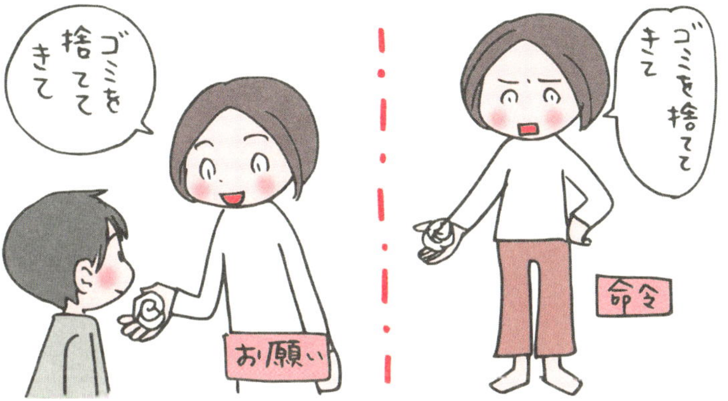

「〜やって」「〜して」のことばは、大人と子どもの双方が使って、互いの関わりを深めていきます。もしも、子どもにこういうことばが少ないようであれば、表現の仕方を教えながら、積極的に使うことを促していきましょう。

ただ子どもには、それぞれの気質もあります。おとなしい子、人と関わるのが得意でない子がいるのは確かです。子どもなりの個性を理解し、尊重することも必要です。

7

「いっしょに」

子どもは「いっしょに」と言いながら、ほかの子や大人と同じことをやりたがるようになります。人の言動を意識的にまねしだすこの時期に、子どもは多くのことばや動きなどをまねながら取り込んでいきます。

「いっしょに」

スーパーで
パ～ン～
ピュー
こらこら勝手に行かないで！
ママといるの！これ押そうか？
うん！
あはは…
わ～いっぱい並んでるね
ママ見て～
レジ
もうすぐだね
ピュー
ピッピッ
あ
まさか外に行っていないよね…
カズー
いた！
最初から並びなおし
は～な～し～て
んんん
やだ～
死んでも離さん！
危ないから手をつなぐの
こーえんー
あ!!
まつぼっくりあったーー
わーい
ママも取ろー
ニコ
見て！これ大きい！
そうねママもいっしょに拾おうね！
かってにフリマ開催中
いくら？
いらっさいませー
スーパー

「いっしょに」で学ぶさまざまなこと

「いっしょに」ということばを、子どもはおおむね2歳前後から使い始めます。

「8か月不安」といわれる、いわゆる人見知りの時期に、子どもは人をそれまでの関わりの濃淡で区分けしだします。それから一年ちょっと経つと、人の動きに目が行くようになり、だれかと、何かをいっしょにやりたがるようになります。子どもは、いっしょに〝歩く、お風呂に入る、食事する、寝る〟などを求めだします。「いっしょに」を通して、相手の動きやスピードに、自分で調整しながら合わせせられるようになります。このことで飛躍的に、できる動作の範囲が広がります。

いっしょに行動しながら、相手への共感も生まれてくるでしょう。このことが相手への気持ちを知るだけではなく、自分の感情の分化につながるとも思われます。

いっしょに遊ぶうちに芽生える「好き」という気持ち。生きることに、喜びや期待を持ち始める子ども。それもみんな「いっしょ

に」という気持ちが生みだす奇跡といえます。

あるときから言わなくなる子ども

あるときから子どもは、「いっしょに」ということばを使わなくなります。まわりと「いっしょに」やる（する）のが当り前のことになるからでしょう。

似た役割を持つことば

「おんなじ」「ぴったし」「そっくり」など

…園で…
わーん
いじわるしてないけどーカズちゃんがわがままなの
お店ごっこしてても勝手に外に行っちゃうしー
そう
ホールでおはなし会するからみんなで行きますよ
はーい
2列に並んでお隣の人といっしょに歩いてね
スー
1 短く狭いところを歩くことから
カズくん、ナナちゃんといっしょに歩いてね、横をね
ナナちゃんよろしくね！
うん
いっしょー
いっしょー
ちょっとウレシイ
数週間後、いっしょに歩けることが多くなってきたので
今日は2人ずつ粘土を渡すからお隣の人と座って待っててね
スー
はーい
あらカズくんようちゃんの横でいっしょに座って待っててね
おしっこ
トイレはあっちじゃない
2 歩くができたら座るなどに挑戦
とことこ
とこ とこ
クスクス
少しずつ相手に合わせたり模倣したりする意識を持たせます
ピューン
ピュ〜ン

…家で…
ママとは…
おなかすいた おやつ…？
スーパーに寄って いっしょに選ぼうか？
うん！
3 いっしょにを意識して声かけします
いっしょに 歩くの上手になったね！
スーパー
4 できたことをほめてあげる
ホットケーキ いっしょに 作ろうか？
作る！
ホットケーキ
ピ
並んでピッて やってもらわないとね
うん
5 いっしょは楽しいという経験も大事！
お家で…
ママのマネして混ぜ混ぜできる？
こうやってよく見て
こっちの手でおさえないと
6 実際に「見せる」「手助けする」「タイミングを教える」などで、できるようになることも！
おいしい!!
でもカズくん お顔が粉だらけ
ママも粉だらけつけるから いっしょだね！
あれは いっしょじゃないの！
お化粧なの！

Q & A

そもそも「いっしょに」やりたくないタイプの子や、興味が持てないマイウェイな子を導いていくのってどうやればよいのでしょうか？

いっしょにやれない子は、いっしょにやりたくてもその動きがわからないのかもしれません。どう振る舞っていいかがわからない場合には、見本を見せ、まねできるようにします。もちろん、みんなとよりも、「ひとり遊びが好き」というタイプの子もいます。どちらかといえば、男の子に多いように思います。

社会では、すべての仕事を、チームワークで進めるのではありません。こだわりの店などでは、頑固一徹の、つまりはまわりの人に迎合《げいごう》しないひとりの店主がいたりします。そういう職人肌の人は、人の意見を聞かないから独自の道を切り開いていきます。

例えば、一軒家の注文住宅ですが、大工さんがひとりで建てることが少なくないようです。柱や梁などは、別のところで加工されて運び込まれます。しかし、それを組み立てるのはひとりです。その姿を見ていると、「黙々と」という表現がぴったりです。

研究者も似ています。人との付き合いが優先されれば、研究はきっと進みません。研究者は好きなことを見つけ、付き合いは二の次でそれに没頭しないと、成果はなかなかあがらないでしょう。「いっしょに」やれないことが、よい仕事を生み出す要素、ことばを換えれば、その人の才能となることがあります。

「いっしょに」が出てこない子がいます。こういう子には、いっしょにやるようことばかけをします。自分の体の動かし方、また動きのスピードなどが合わない場合には、子どもの手や足を取り、動きを作ってあげます。

いっしょに歩くのもよい練習になります。まずは手をつなぎ、歩きます。歩くスピードがそろってきたら、手を離してみます。自分勝手に動かないことがいっしょに歩く際の目標となります。

8

「～したら、○○ね」

子どもが最初にわかりだすルールのひとつに、例えば「□□（子どもがあまり得意でない物）を食べたら、○○（好きな食べ物）だよ」というものがあります。ここで重要なのは、見えないルールを理解すること、大人（社会）が決めたことを受け入れることです。

「〜したら、○○ね」

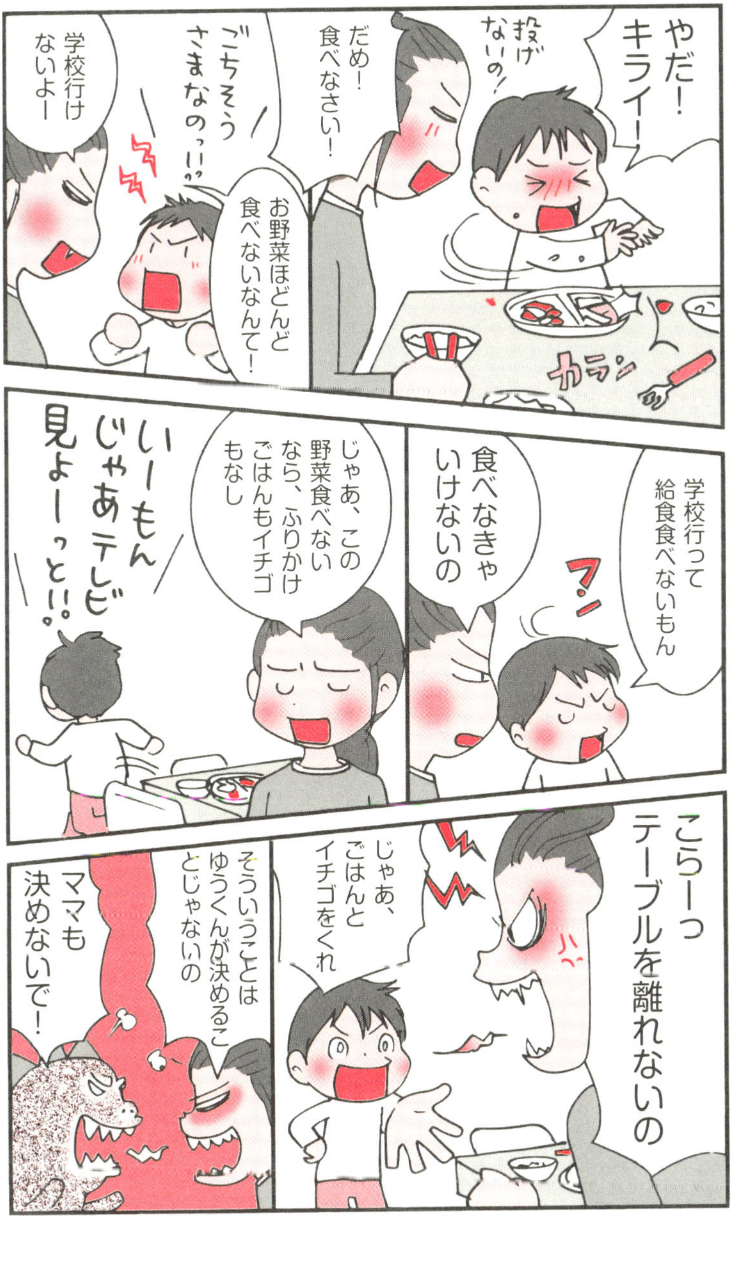
やだ！キライ！
投げないの！
カラン
だめ！食べなさい！
お野菜ほとんど食べないなんて！
ごちそうさまなのっ!!
学校行けないよー
学校行って給食食べないもん
食べなきゃいけないの
じゃあ、この野菜食べないなら、ふりかけごはんもイチゴもなし
いーもんじゃあテレビ見よーっと!!
こらーっテーブルを離れないの
じゃあ、ごはんとイチゴをくれ
そういうことはゆうくんが決めることじゃないの
ママも決めないで！

早い時期にわかりだすルール

　順番などのルールにのっとって、二〜三人の子どもが遊べるようになるのは3歳を過ぎたあたりからです。この遊びのルールをわかりだすずっと前に、子どもは見ることも触ることもできないルールを理解しだします。そのひとつが、「嫌いな物を食べたら、好きな物をあげるよ」というルールであり、やりとりです。

　子どもにとっては、体験として記憶に残りやすい、とてもわかりやすいルールなのでしょう。ルールというか、順番を示すことばかけも大人はよくします。例えば、身の回りのことをひとりでやるよう促すとき、「シャツ着たら、お外だよ」「お風呂の後に、遊ぼうね」などと話しかけます。

子どもは、〝所属する社会で学ばなくてはいけないことがある〟ことを理解する

　赤ちゃんの発声ですが、喃語《なんご》という状態があります。生後数か

月から聞かれる音です。この喃語には、世界中の人間が使用している、すべての言語の音素があるといわれます。赤ちゃんは、言語を獲得するなかで、自分の所属する社会で使われている音のみを残し、あとは消していきます。子どもは、余剰なものを持って生まれ、不必要なものは消去していきます。

子どもは人を動かすルールに気づくことによって、所属する社会の決まりなどを理解していきます。

似た役割を持つことば

「〜の次は○○ね」「〜をやろうね。できたら○○だよ」など

がまんしてルールを守る
（自己抑制）
みんなと同じルールで楽しく遊べる
（集団参加）

…園で…

やだーキラーーイ
あれー？へんなの
お野菜キライで泣くの？
❶決して感傷的にならずに淡々と
このキノコがキライなの？
じゃあ小さく切るよ
これひとつ食べたら大好きなソーセージひとつ食べていいよ
❷ルールを決めてほんの少しでも口に入れるように促す
もちろんルールを決めるのは大人
がんばる？
うん
おーエライ
わーやった！
がんばって
❸笑顔やほめことばで支える
じゃあソーセージ食べていいよ
うん
❹ほめられてうれしい、またやる！という意欲をもたせる

…家で…
数か月後
ゆうくんキライだったきのこ食べられるようになってきたね
うん
がんばったね
ママや先生がにこにこしてくれてうれしいな
れんらくちょう
5 ごほうびでなく相手の喜ぶ姿で自発行動が出るように
ぼく今日ねキライなナスをがんばる
すごいなー ナス食べられたらパパもびっくりするよ
6 偏食指導はとても根気と時間が必要です
ただいまー
おーゆうくんは最近がんばって野菜食べているんだって？
今日はナスがんばった
すごいなー じゃあ、ごほうびにパパと何して遊ぼうか？
野球ごっこ
ママはぼくがホームラン打つまでそこで待っててね
ママが取れるまで帰れないぞー
とんでもないルールが…

Q & A

“「～したら～ね」というルールは大人が決めること”、という決定権がだれにあるかを誤解する子って多いのではないかと思います。

子どもが２歳前後になると、大人の指示が急にわかるようになる時期があります。自分なりの思いが育つのもこの時期と重なります。

さらに「取り引きのルールはだれが決めるのか」も、重要な意味を持っています。ルールを決めるのは大人であり、子どもはそれを受け入れ、ルールに従うという時期が必要ではないかと思います。そうした経験を通して、やがてほかの人の考えやルールを自然に受容できるようになるからです。

一方で、子どもは、自分なりにルールを作ろうともします。小学校の半ばくらいまでは、野球やサッカーなどでもローカルルール、アワルールで遊んだりします。勝手に作られたものですから、メンバーにそのルールが共有されていないと、進め方についていさかいが起こったりします。高学年くらいになると正規のルールで野球やサッカーができるようになり、仲間内でのトラブルも少なくなります。また、外部のチームともゲームができるようになり、公平公正なルールが重視されだします。

人間は、子ども時代からルールを作り出そうとするし、ルールを生み出す能力があるともいえます。ただし、ルールには「子どもルール」と、道徳などの「大人ルール」があり、子どもは成長に合わせて、子どもから大人のルールに切り替えていきます。

ルールの理解では言語の影響力が大きいのですが、体験することも重要な要素となります。言語の力が未熟でも、何度も体験するうちに自分に期待されていることがわかってきだします。相手に合わせられるようになるには、感情のコントロール力、自己抑制力が必要となります。ルールに従う体験をすることが、その力を伸ばすことにもつながるでしょう。

9

「はんぶんこ」

子どもは、もともとはケチなのかもしれません。自分で食料を得ることができないので、食べ物を人に分け与えようという気になりにくいのでしょう。その子どもが、大人から促されてですが、ほかの子に分け与えられるようになります。「慈悲」の始まりとされる行為でもあります。

「はんぶんこ」

まみちゃん食べたい？じゃ、はんぶんあげるわ
ありがとう
自分の分は食べた
もぐもぐ
はい
はい…って何？
ぎゅっ
強欲!?
きのちゃんのおふろママも入ろー
ざっぶー
わー
鳴戸海狭
おふろはんぶんこね
…
はんぶんこ
はんぶんちょうだい
おまんじゅうあげたでしょ？
…
あっちいこうよー
そうしようか
ケチ
!?

「はんぶんこ」は、「向社会的行為」の始まりである

人との関係を作る行いを、「向社会的行為」といいます。「はんぶんこ」は人との関係を生み出し、強める行為です。人との関わりを持とうとしない行いを「非社会的行為」といい、不登校、引きこもりの状態などをさします。少子化、核家族の影響もあるといわれ、「はんぶんこ」させたくてもその相手がいない、という面に現れたりします。大人は意図的に、「向社会的行為」を子どもに促し、強化していく必要があります。

特に、祖父母、両親など大人ばかりが多くて、子どもがひとりという場合には、いつも与えられるばかりで「分け合う」体験ができない可能性があります。実際にそういう子がいて、社会性が未熟に見えたりします。未熟の原因に、自分が主体となって、ほかの人と分け合う体験の少なさがあると理解し、「はんぶんこ」させるようにしましょう。

「はんぶんこ」は、社会を営む人に必須の考え方である

人の社会は、確かに不平等な面があります。ただ、公平公正でないと社会が維持できないのは確かです。この、平等、公平公正などの考え方の基礎には「はんぶんこ」があると思います。独占しない、みんなで平等に分け合う、そうしなければ社会は成立しません。社会の成立に必要な「はんぶんこ」は、2歳前後から理解されだします。

似た役割を持つことば

「わけようね」「○○個ずつだよ」「ひとつ食べたら、~ちゃんと交代ね」など

…園で…
みーちゃん今日はお部屋でお絵かきする?
コクン
きみちゃんみーちゃんもお絵かきしたいんだってー
いーよ!
じゃあ机はんぶんこね
わ〜ん
① 机、イス、場所などのはんぶんこも!
どうしたの
のりくんとったー
違うオレのだもん
ブロックなんだからいっしょに遊べば?
オレプロペラいっぱい使うから
ずるい!
じゃあ先生がプロペラはんぶんこしまーす
あ! えらいねはんぶんこできるね
② やろうとしていることをほめて後押しする
ビュー
ボカッ
ボーン
ドカッ
ガッシャン
結局それなのね…

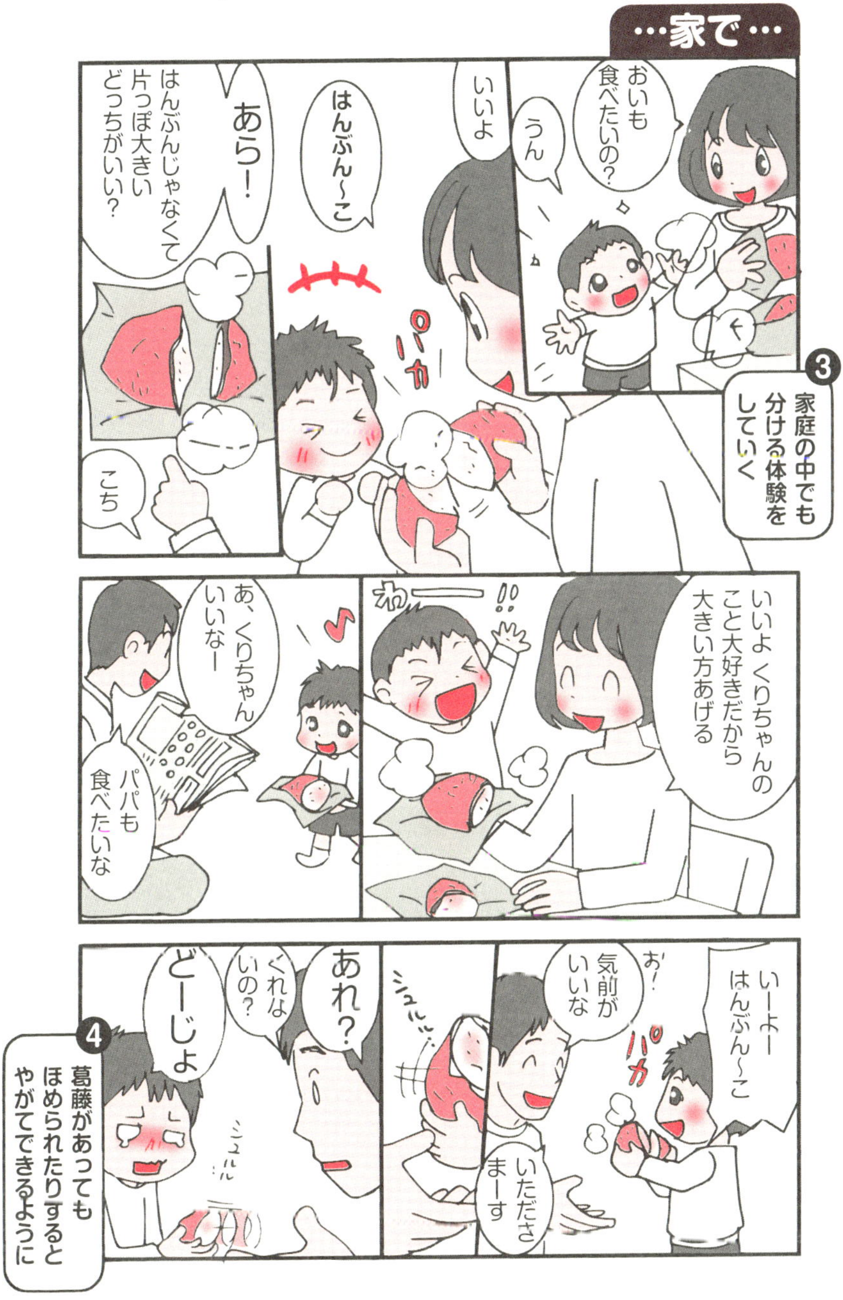
・・・家で・・・
おいも食べたいの?
うん
いいよ
パカ
はんぶん〜こ
あら!
はんぶんじゃなくて片っぽ大きいどっちがいい?
こち
③ 家庭の中でも分ける体験をしていく
いいよ くりちゃんのこと大好きだから大きい方あげる
わーー!!
あ、くりちゃんいいなー
パパも食べたいな
いーよー はんぶん〜こ
パカ
お!
気前がいいな
いただきまーす
シュルルル…
あれ?
くれないの?
どーじょ
シュルル
④ 葛藤があってもほめられたりするとやがてできるように

Q & A

「ちょうだい」と言って、子どもがあまりに気前がよすぎると「欲がない」というよりも、「わかっていないんじゃないか」と思ったり、逆の場合は「こんなにケチでいいのか」と思ったりします。

子どもには持って生まれた気質があります。その気質の中には、物への執着心が薄い、淡泊というタイプの子がいます。逆に、物への執着心が強いタイプの子もいます。どちらがいいというよりも、多様なタイプがいて社会は成立しているといえます。

なお、気前がよいように見える子の中に、「自分」という意識が希薄な子がいます。そういう子には、自分専用のマークやシールを決め、それを必要な場所に描いたりはったりし、「自分の物」「自分の場所」という意識を持たせるようにします。また、その子専用の、お皿やコップなどを決めて使わせます。

「あげたくない反面、半分あげる」というのは、とても人を意識した社会性があるように思います。

前にも述べましたが、「はんぶんこ」は、成長とともに社会を意識することにつながる行為であり、体験です。子どもの数が少なく、子どもとの関わりが薄い子ほど、「はんぶんこ」を促したいものです。

子どもが自然に「はんぶんこ」ができるようになると、「やさしい子になったな」と感じ、ほっとしたりします。ほっとするのは、「はんぶんこ」する姿に、子どもの成長を確信するとともに、ほかの人から好かれ、受け入れられるはずという思いが、自然と湧くからでしょう。

逆に「はんぶんこ」ができないと、心配になったりします。気質的にケチな傾向があっても、それを乗り越え、人に分けられるようにしたいものです。

10

「あげる－もらう」

「あげる－もらう」は、「はんぶんこ」よりもさらに進んだ向社会的行為です。貸し借り、契約にもつながる考え方でもあります。ある人に「あげる」ことが、相手にとっては「もらう」ことであり、ひとつの行為が立場によって違うことも子どもに教えてくれます。

「あげるーもらう」

園のお迎えのとき…
まきちゃん どーぞって あげた
あげた？ これ？
??
まきちゃんに あげたんじゃ なくて もらったんで しょう？
どーぞ だって
あら ちがう！ これは うちの子が 書いたのね
うん
ママ どーぞ
まきちゃんが お友だちに お手紙あげたのが うらやましかった みたいでママに あげるって！
あ！ 先生そういう ことですか
はい
ありがとう
いいなー
そうかーのんは お手紙ごっこが うらやましかっ たのねー
うん
じゃあ このお手紙 お友だちに あげたら？
…
何を書いているか 本人しか知らない
まきちゃんいるよ
やだー
ピュー
？
あらら

「あげる－もらう」関係で成立している社会

「はんぶんこ」は、人と同じ物を分ける行為です。ただ、人が持っている能力や所有物は必ずしも同じではありません。互いにできることを提供し合い、補い合いながら社会は成立しています。また人は、持っている物を互いに出し合い、それぞれの不足分を埋めながら暮らしてもいます。まさに人は、助け合って生きています。その関係の基礎にあるのが、「あげる－もらう」という関わりです。

「あげる」行為は、仲間を応援する、慰める行為となっていきます。電車の中でお年寄りに席を譲る、困っている人の手助けをするなどの、思いやりにもつながります。「～してあげる」行為は、前述しましたが「向社会的行為」であり、人との結びつきを強めてくれます。逆に、人にしてあげられないと人の社会で生きるときの障壁にもなりかねません。子どもに「してあげる」ことを促したい理由がそこにあります。

あげる・もらう
あげていた・もらっていた
など、ことばがはっきり伝えられれば
あげたとき
ホント？喜んでた？
あげたなんてエライねー
もらったとき
よかったね うれしいね ありがとうって言えた？
お返事（お礼）あげようね！
やりとりを見たとき
じゃあお手紙書いてみたら？
手伝うよ！
うん

自分と相手の視点の違いを知る

同じ行為が、人や立場の違いによって言い方が変わります。他者の視点を獲得した結果とも考えられていて、2歳半ばころからこの「自分と他者の分離」が始まるとされます。自他の分離が起こることによって、自分の行動を見つめることもできるようになるのでしょう。子どもの社会性は伸びていきます。

似た役割を持つことば

「いってきます－いってらっしゃい」「ただいま－お帰りなさい」など

…園で…
くみちゃんに お手紙 あげたの
うわー えらいね
ぼくもー
あ、ほしいのね
① 人にあげたときはほめる
じゃあ くみちゃんに お手紙ちょうだいって言いに行こうか
うん
② 欲しいときは「ちょうだい」と言うことを教える
えっ? ふみくんが お手紙?
??
まどで
あー
ぶうくん
ポイン
ポタ
お手紙あった
「ありがとう」って言ったら?
ありがとう
いや ふみくん じゃなくて
③ ありがとうを言うタイミングを教える
ふみくん、お返事ほしいんだよね?
ちょー ないねー
「ちょうだい」って言おうよ
え? 町内会?

…家で…
あら！これ みかちゃんが書いたの？
違う！ちかちゃんがくれた！
4 もらったときはいっしょに喜ぶ
もらったの、よかったね！ちかちゃん絵、うまいね
お返事
折り紙にする！
あら！いい考えね！みかちゃん折り紙うまいものね
お花とカエル折る
みかちゃんのカエル、ちかちゃんもらえたら喜ぶかな？
もらったら…うーん
5 あげた－もらったの視点の変換を手伝ってあげる
みかちゃん上手！大好きーって言う！
そっかー
ピュポーン
宅配便です
ダダダダダ
これちかちゃんの家にどーぞってあげてー
え

Q & A

「あげた－もらった」「あげたい」「もらいたい」は複雑だけれども、ちゃんと理解していないと、まわりの人間は対応が混乱してしまいますよね。

「あげた－もらった」は行為そのものを表しています。ところが「あげたい」「もらいたい」は、子どもの内面世界の話となります。

女の子は、3歳台くらいまでは「もらうこと」そのことを喜びます。ところが4歳台になると、例えばプレゼントでも「自分が欲しいもの」でなくては喜ばず、「いらない」と言ったりします。自分の思い、つまりは内面世界をわかったうえでのプレゼントや行為でないとうれしく受け取れなくなります（男の子は、女の子ほど思いを理解されたいと考えていないようです。もらえれば得したと思い、女の子ほど複雑ではないのかもしれません）。

人形を使って「あげた－もらった」「それを見た」を説明したりしましたが、なかなかわかってもらえず、とても苦労した経験があります。

「あげた－もらった」は同じ行為が、人や立場によって言い方が変わることを示します。「能動－受動」の表現も同じで、自分が「猫を抱いた」ときに、猫は「抱かれた」になります。同じ行為が、主語によって違う表現をとります。この「能動－受動」の関係は子どもにはわかりにくく、5～6歳ころにわかるとされます。子どもの話が客観的で、大人に理解しやすくなるのは、小学生も半ば以降というのがひとつの目安とされます。

「あげる－もらう」という関係の理解は、社会の働きへの理解、自他の分離と向社会的行動など、社会性の発達にとり重要な出発点となります。また、人や立場によって視点を変えて見る力、「能動－受動」への理解につながります。

ただ、子どもによっては、重要なことばがスムーズに理解できず、また表現できないことがあります。折々に、表現の仕方を教えながら理解が進むよう促します。

11

「貸して」

子どもは、ほかの子の持ち物やおもちゃで遊ぶときの優先順位がわかってきます。それが理解されだすと、相手に「貸して」と言い、確認するようになります。確認せずに、ほかの子の物を使えばトラブルになります。それを防ぐためにも、「貸して」を教えましょう。

「貸して」

貸ーして？
あ！
ブリッ
貸ーしてっ
ひぃ～～
貸してとは口ばかりの
強奪
貸して
いや
ガブッ
かみつき
貸して
キック
大さわぎ
ぎゃ～
だから まこちゃんのまわりは
いつも広いスペースがあります
ポツン
セイフティゾーン

所有権、占有権などを理解する

子どもは、1歳台からほかの子と物の取り合いをします。取り合いをしているときに、大人が「貸してと言うんだよ」とアドバイスをします。そのアドバイスから、子どもはどう相手に伝えたらトラブルにならないかを学びます。

まずは欲求があり、その欲求が原因でまわりとトラブルが起こる、そのときにそれを回避する方法を大人や仲間から学ぶ、こういったプロセスが子どもの発達ではしばしば見られます。まわりとのトラブルを通して、子どもは社会化されるともいえます。発達のためには、多くの場合、体験が必要です。ですから、トラブルを恐れるあまり、ほかの子との付き合いを避けるのは間違いといえます。積極的に関わらせながら、適切な対応の仕方を学ばせましょう。

だれが決めることなのか

「貸して」とほかの子に言ったすぐあとに、おもちゃを取ってしまう子がいます。こういう子は、「貸して」と言えば思い通りにできると思っています。相手に決定権があることがわかっていません。貸すか貸さないかを決めるのは、相手であることを教える必要があります。

似た役割を持つことば

「使っていい?」「遊ばせて」「次にいい?」など

…園で…

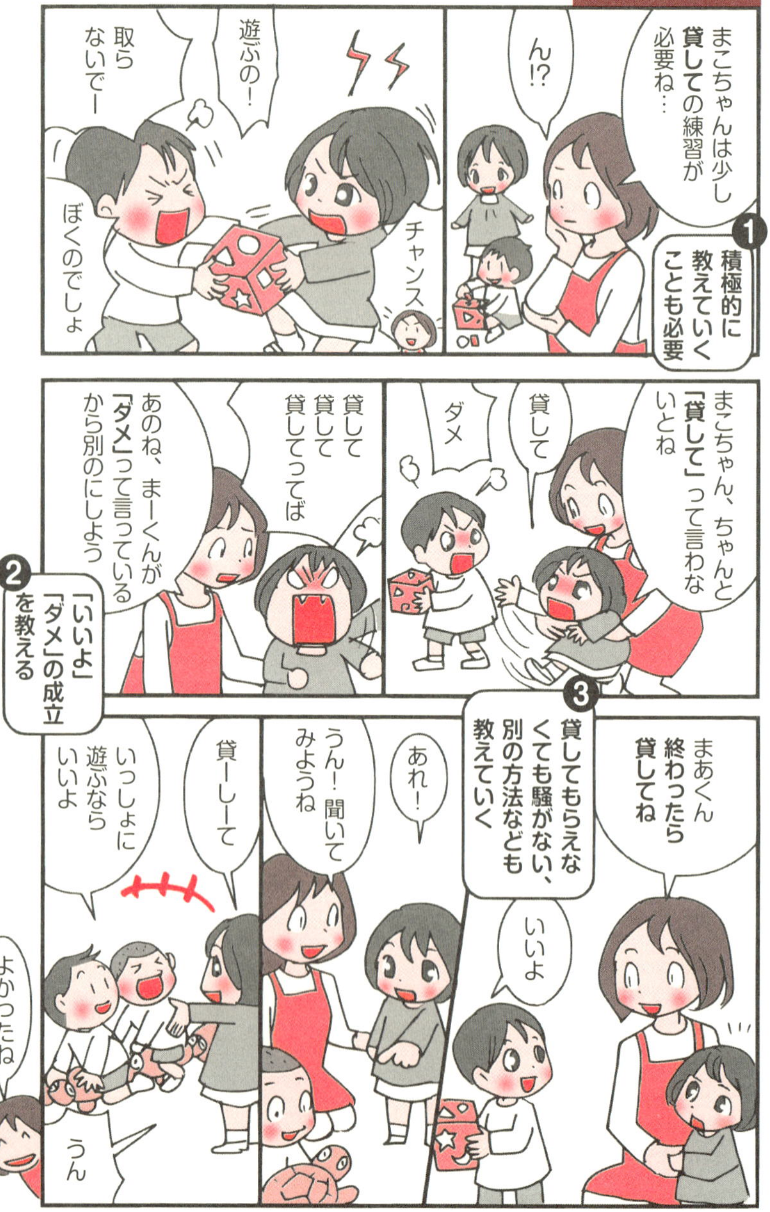

まこちゃんは少し貸しての練習が必要ね…
ん!?
1 積極的に教えていくことも必要
遊ぶの!
取らないでー
ぼくのでしょ
チャンス
まこちゃん、ちゃんと「貸して」って言わないとね
貸して
ダメ
貸して貸して貸してってば
あのね、まーくんが「ダメ」って言っているから別のにしよう
2 「いいよ」「ダメ」の成立を教える
まあくん終わったら貸してね
いいよ
3 貸してもらえなくても騒がない、別の方法なども教えていく
あれ!
うん! 聞いてみようね
貸ーしーて
いっしょに遊ぶならいいよ
うん
よかったね

…家で…
ろくちゃんはお話が苦手だけどちょうだいの方法は教えないとね
これ
4 ことばで言えない子にはサインを教える
「ちょうだい」ってやろうよ
ねーねーこい
だーい
いや
痛ーい ろくがかんだ
私のパン取ったー
ろくちゃん！お姉ちゃん「いいよ」って言っていないでしょ
これはお姉ちゃんのものだから「ダメ」って言われたらやめるの
ギャ〜〜
5 決定権はだれにあるのかを根気強く教える
ああーっ ろくちゃん冷蔵庫のもの勝手に食べちゃだめ！
ママが「いいよ」って言ってから食べようね！お腹こわしちゃうよ
6 危険回避からも大人にいいか確認させるようにする
ママいい？
ママに聞けてえらいね！いいよ！
7 確認は失敗を防ぐ以外にも自己コントロール力にもつながる

Q & A

まずは物にはそれぞれ持ち主がいて、“許可を得てから遊んだり食べたりする”ことが大切ということですね。

子どもは、相手の所有権などを理解することで衝動性を抑える力がついてくるといえます。衝動性をコントロールできなければ、ほかの子や大人とのトラブルにつながります。子ども時代には、自己抑制力をつけるためのさまざまな機会や場面があります。それらを通して、子どもは社会化されていきます。

相手や大人の返事を確認することを習慣づけるというのは、時間がかかりそうですね。

所有権などについては、大人になってもトラブルの原因となります。食料などを所有することは、生命の維持のために必要です。生きていくのに必要な物ではあるけれども、しかしひとりでは生きていけない、だから独占してはだめで、互いに譲り合う必要があります。そのことを教えてくれるのが「貸して」なのでしょう。

所有権、占有権の理解、そして譲り合いは、人間や社会の存在に深く関係する部分だからこそ、学ぶのが難しく、また時間がかかると思います。

人にはそれぞれ権利がある、それを初めて理解する場面が、「貸して」と言いながら相手にお願いするときです。逆に、ほかの子が勝手に自分の物を取って遊んだら子どもは怒ります。それは自分の権利を侵害されたからであり、人間の根源的な感情でもあります。

少子化は、ひとりっ子を増やし、ほかの子とのトラブルを通しながら学ぶ機会を少なくしている可能性があります。ひとりっ子の場合には、ほかの子と関わる機会をできるだけ作るようにし、また大人はトラブルを避けるのではなく、見守る気持ちが大切だと思います。

12

「～の仕事」

子どもは、ある時期から自分の思う通りに物事を進めたがるようになります。この時期になると、「自我が出てきた」「第一次反抗期」と呼ばれたりします。自己中心的なこの時期ですが、「～の仕事」といったことばを通して、決定権がだれにあるかも学びだします。

「～の仕事」

もう帰るよ！あと10分って言ったでしょ
ちょっとだけー もっとー もっとー
じゃあちょっとだけよ
本当に言い出したらきかないのよねー
さぁこれ1回でもう帰るよ夕ごはん遅くなっちゃう
あ！ジュース
ジュース買って
晩ごはん食べられなくなるから…
ジュース飲む！ジュース！ジュース！
もう！本当にワガママなんだから
これ！
これじゃない！みどりのやつ
これって言ったでしょう！
違う！
バシ
ママのバカ！
がつン
あーー！

子どもはぶつかりながら学んでいく

子どもには、自分で何でも決めたがる時期がやってきます。「いや」と言うことが増え、大人の話をすなおに聞けなくなります。扱うのが難しい時期ではありますが、子どもが自分で考えて判断できるようになる、つまりは自立に向けて歩みだした時期ともいえます。

子どもによって、強弱や度合に違いがありますが、大人とぶつかり合うなかで、相手の考えとともに、決定権がだれにあるかも学びだします。例えば、帰ろうとするとぐずぐず言い出す子がいます。こういう子は、「帰るか帰らないか」を決めるのは大人だ、ということを理解せず、自分で決められると誤解している可能性があります。

おもちゃを買ってほしいとダダをこねる子も同じです。「買うか買わないか」を決めるのは親であることがわかっていません。

自他の区別が進んできたら
仕事や決定権を少しずつ渡していく
○ちゃんのしごと
○ちゃんが決めていいこと

決定権を誤解すると、社会化が進まなくなる

だれの仕事で、だれが決めることなのかを理解しないと、子どもは人の役割が理解できません。ですから親だけでなく、先生の決めたことにも従えなくなったりします。決定権を誤解している子は、反抗的・挑戦的で衝動性も強いように見えます。実際には、自分で決められると勘違いし、大人の指示に対して、自分は嫌われている、いじわるされていると思っていたりします。その気持ちが、反抗的・挑戦的な態度や強い衝動性につながります。

似た役割を持つことば

「(大人)が決めること」「〜のやること」「〜がします」など

…園で…

さあ、もう片づけします
残念ね また明日やろう
やだ!
いーやーなのっ!
片づけます
いや
決めるのは先生です
❶ 決めるのは先生のお仕事とハッキリ言う
やる!
やる!
決めるのは先生です
片づけます
おまえ まだボール あるぞ それもだ!
こらこら
たっくんは、お友だちに命令しません!
いいの ぼくの方がえらいから
❷ 誤解している子には注意する
違います!
お片づけしてください!
たっくんたちの お仕事です

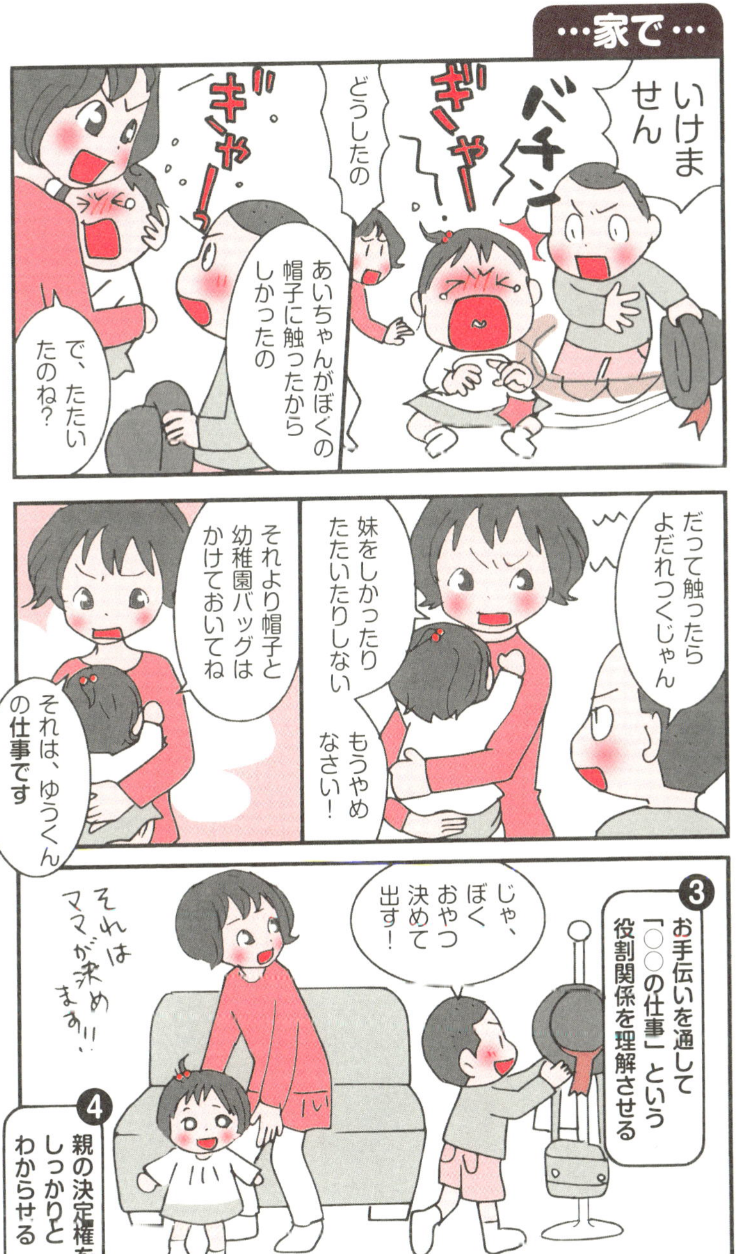
…家で…
いけません
バチン
ギャー!!
どうしたの
あいちゃんがぼくの帽子に触ったからしかったの
ギャー!!
で、たたいたのね?
だって触ったらよだれつくじゃん
妹をしかったりたたいたりしない
もうやめなさい!
それより帽子と幼稚園バッグはかけておいてね
それは、ゆうくんの仕事です
③お手伝いを通して「○○の仕事」という役割関係を理解させる
じゃ、ぼくおやつ決めて出す!
それはママが決めます!!
④親の決定権をしっかりとわからせる

Q & A

子どもがいつの間にか「大人と同じ」または「大人よりエライ」と思っていて、そのことに気がついてビックリということがありました。子どもの誤解に後で気づくことはありますよね。

子どもはいうまでもありませんが、大人と同じではありません。生まれてから経験などを通して、自分なりの考え方を形作っていきます。

自立期ともされる2歳台は、自分で決めたいという気持ちが高まります。このときに、何でも自分で決められるわけではないことを学ばないと、自分は「大人と同じ」「大人よりエライ」と勘違いする可能性があります。子どもには「いいことはいい、だめなことはだめ」と教えなくてはいけない、とよく言われます。この時期こそ、そのことが当てはまります。大人が子どものいうままになってしまうと、思い通りにしようと考えだします。そうなると我慢する力もつかず、ほかの子や集団内でトラブルを起こすようになります。

一度「自分で決めてもいい」とか「自分の方が上」と思ってしまったのを崩すのはかなり手ごわいことなのですか？

もともと発達的には、だれが決めることかを理解できるようになっていると思います。ただ、自分の思い通りになるという体験が積み重なるにつれ、崩すのは手ごわくなると思います。できれば、小学校低学年までには「決定権の誤解」を解きたいものです。

子どもは、自己中心的な見方から、他者の存在を理解し、また役割もわかるようになっていきます。役割がわからない段階では、人との関係を「上下関係」でとらえやすく、自分が上位に立とうとします。上位に立てないとイライラし、大人に対しても叩いたり蹴ったりします。こういう行為は、相手の役割を理解できていない、また決定権を誤解していることから起こっている可能性があります。子どもの問題行動は、この「決定権の誤解」から起こっていることが少なくありません。

13

「大きくなったね」

子どもの成長を、大人が認め、喜ぶことが大切です。子どもはそのことを通して、自分ができるようになったことを確信し、さらにできるようになるよう努力します。また、自分が認められていることを実感し、情緒的に安定します。

「大きくなったね」

ピンポーン
どどどどど
あーい
ジャーンプ
バシッ
ガッシャーン
あい！だりー？もしもーし
ンフ〜ンフ〜ンフ〜
(鼻息)
お届けものです
ぎゃはははは
お届けさんではないよー
ばぃばーぃ
あーっ
何してんの余計なことしないの！
…とか
できる！持つのー
いいわよ
ズ…ズ…ズ
引きずらないでー
んーしょー
こっちだって大変なの
もういいよママが持つから
わがまま言わないで
ブチ
あーあ、だから言ったのにー
ドサドサー

個人的感情と社会的感情

人間の感情には、二種類があるとされます。喜怒哀楽、好き嫌いなどの「個人的感情」がそのひとつです。もうひとつは、人との関わりの中で育まれる「社会的感情」です。社会的感情には、恥や罪の意識、尊敬や畏敬の念、自尊心、羞恥心などが含まれます。

この社会的感情ですが、２歳前後から芽生えてくるとされます。「大きくなったね」ということばは、子どもの自信や自尊心を高めることばかけでもあります。子どもの成長にとって、なくてはならない栄養素ともいえます。

はずかしい、かっこ悪い

社会的感情に含まれる「はずかしい」「かっこ悪い」は、５～６歳から強まってきます。社会的感情が育つと、「できないとはずかしい」「ちゃんとやらないとかっこ悪い」と思うようになり

ます。この思いが、子どものがんばりを引き出し、ときには思いもよらないような成果につながったりもします。

一方で社会的感情が未熟だと、「はずかしい」「かっこ悪い」という気持ちがなかなか育ちません。このために、学校に遅刻したり、宿題をしなくても平気だったりします。こういう子に対して、遅刻や宿題をやらないことを叱っても効果はあがらないでしょう。それよりも、社会的感情が未熟という認識に立ち、子どもの成長を認め、喜ぶような関わり方が有効だと思います。

似た役割を持つことば

「お兄ちゃんになったね」「お姉ちゃんになったね」など

…園で…

朝の園で…
ジーブーンで
かけっ
れお
あらーれおくん 自分でタオル かけたのね
フツーのことです
大きくなったわね
先生、そこほめるところですか？
当然では？
自分からできるようになったんですもの
❶ 子どもの行動をその時その場で評価する
フン
はいはい
大きくなった証拠よねー
ママはもっと大きくなるとたいへんだから帰れば
年寄りは帰りますよ
あら、れおくんクツ履くの上手になったのね
うれしい
ホントお兄ちゃんだわー
園長先生
❷ まわりの大人も連動してほめる
あれ？お野菜残しちゃったよ
お兄ちゃんじゃないなー
❸ いけないことをしたときは逆の言い方をする

…家で…
あらー高い棚にくまくん片づけてくれたの？ 届くんだ
すごーい 大きくなったわ
パクパク
オトーサンもホメテ
サイン
えーあー やるぅー おネーサンみたいだなー
なんかそーいうんじゃないんだけど…
4 ほめることでがんばる力を引き出していく
ピーンポーン
あーい
あ！ 待って
できる
うん！ できるよ でもお客さんだと困るから、ママー お願いーって呼んで
うん！
お姉ちゃんならできるよね
ママ お願い
はい わかりました
助かったわ
ありがとう さすがお姉ちゃん 赤ちゃんならできないよね
うん！

Q & A

ついつい「ほめる」ハードル設定が割と高めになってしまうのですが、そんなケチケチせずにおおらかにほめてあげて、意欲が生まれるようにしてあげるべきなんですね。

私はあなたのことを見ています、その成長を喜んでいます、というメッセージが子どもに頻繁に届くことが大切だと思います。子どもはそのことで、自分の存在や能力に自信が持てるようになると思います。

“「誇り」や「自信」が、どんどんよいサイクルで回っていくことになる”ということに、はっとしました。ついつい、注意してばかりで…。

「大きくなったね」は、子どもにとって勲章のようなうれしいことばでしょうね！

大人は子どもに対して「転ばぬ先の杖」をつい出してしまいます。そのために小言や注意が多くなります。「大きくなったね」は、勲章のように子どもに誇らしい気持ちを与えるでしょう。

保育園のある園長先生が、お母さんに「一日に３回、子どもをほめましょう」と話されているのを聞いたことがあります。子どもをほめることは確かに少ないと感じるとともに、１日に３回という目安は効果的かも、と思いました。1日に3回ですが、1年間では千回を超えます。十年では、優に１万回を超え、これくらいほめられて育つと、自分への肯定感は強まるだろうと思います。

「大きくなったね」は、これまでの子どもの成長を認め、さらには、次の成長に向かわせるためのことばでもあります。

「大きくなったね」のことばは、親にとっては子どもが無事に大きくなったことへの感謝の気持ちが込められていることでしょう。また、親子にとって祝福のことばでもあります。

14

「楽しかったね」

気持ちは見えないし、さわることもできません。でも自分の気持ちが、「楽しいな」「悲しいな」など、どういう状態かはわかります。気持ちのことばの学習では、まわりからの影響は大きく、「楽しい」「おもしろい」などのプラスのことばかけが、子どもの人生を豊かなものにするでしょう。

「楽しかったね」

遊園地の帰り…
あの遊園地初めてだったけどどうだった?
ん…乗り物並びすぎ!
やだった
人気のアトラクションは混んでいるもんねー
寒かった
そうねー今日は曇ってて肌寒かったね
売り切れ…
ああ、欲しかった宇宙人の人形売り切れてたのね
みんなが先に買ったからぼくのない
今度買おうよでもほかはおもしろかったでしょう
ママがずーっと怒っててイヤだった!
えーっ確かに怒ってたけど
ひとりで行かない!
並んで!!
私までなんか来なかった方がよかったような気がする

抽象的な気持ちのことば

気持ちのことばは、例えばスプーンやみかんなどのような具体物ではありません。見ることのできない、抽象的なことばです。子どもは、ほかの人から、「楽しそうだね」「おもしろいでしょう」と言われて、自分の気持ちを知り、名づけていくと思われます。また、遊園地に行くなどを体験したあとに「楽しかったね」と言われて、遊んでいたときに「楽しい」気持ちだったことを知ります。

赤ちゃんの感情は、〝快―不快〟の二種類とされます。成長するにつれ、「快」が「うれしい」「楽しい」「おもしろい」「気持ちいい」「愉快」といったプラスの感情に分化していきます。一方で「不快」は、「悲しい」「苦しい」「痛い」「気持ち悪い」「不愉快」といったマイナスの感情に分かれます。

なお、子どもの感情の分化は1歳前後からはっきりとしだし、2歳台になると自分の気持ちを少しずつ表現できるようになります。ただ、大人のように複雑な感情表現はできません。

子ども時代はプラスのことばを心がけたい

「いぬ」「コップ」など具体物の名前は「知識」です。だれから教わっても、子どもは同じことばを聞かされます。気持ちのことばは違います。まわりから、プラス、マイナスのどちらのことばかけを多く受けたかにより、自分や物事の捉え方が影響されると思われます。だから子どもには、彩り豊かなプラスのことばかけが大切です。

似た役割を持つことば

「おもしろかったね」「うれしいね」「ドキドキするね」など

…園で…

おいもほりに行ったときの絵をかきまーす
みんなはどうだった？
すごいでかいの！
わーびっくりしたね
すごかった！
引っ張ったらなかなか抜けなくてたいへんだった
わードキドキした！
友だちといっしょに引っ張って抜けた
そしたらービョ～ンて抜けて、しりもちついたの
おもしろかったねー
こーんなにとったの
100個ぐらいほった
わーがんばったね
じゃあ！楽しかった人ー？
はーい
はーい
チョーおもしろかった
おもしろかった

1 子どもに感じてもらいたい気持ちも大人が表現する

2 雑談を通してプラスの感情をみんなで共感する

…家で…
遊園地の入り口のところにいたくまさんに会ったね
あ…うん黄色いの
おなかボィ～ンってやった
うん、かわいかったねー
3 感想をことばで表して話す
それとロケットの乗り物が、ママおもしろかったー
ぼくも！おもしろかった
4 気持ちを表すことばを使っていく
はじめゴトゴトって上に上って行くでしょうあのとき
ドキドキしたよ
キャ～
ドキドキしたー
パパにも教えてあげようね
今度パパもいっしょに行こうね
遊園地楽しかったね
うん楽しかった
また行こうね

Q & A

“残念だったとかマイナスの経験の記憶から学ぶことは重要！”と聞いたこともあります。本当にそうだなと思いますが、イヤな記憶って残りますよね？　小さいころはなるべくいい記憶を残せたらなぁ…。

子ども時代は、一般的には「楽しかった」ことなどプラスの記憶が残り、怖かったことなどは別として、イヤな記憶はあまり残りません。ところが、自立期である思春期になると、イヤで不愉快だったことが記憶に残るようになります。一方で楽しかった記憶は、鮮明ではなくなったりします。どうして、イヤで不愉快な記憶が残るようになるかといえば、マイナスな出来事を回避するためだと考えられています。

自立するとは、マイナスのことであっても自分で引き受けなくてはいけません。その点が、子どもとは本質的に違います。大人になると、イヤな記憶が消えにくくなるのは仕方がないといえます。

記憶って一度してしまうと意図的に消せないから、やっぱりいい思い出を多く残してあげたいですね。

数多くのつらい体験と、「悲しい」「苦しい」などのことばばかりを聞いていた子は、自分で努力しないと悲観的な人生観を持つ可能性があります。

子ども時代の、たくさんのいい思い出は、子どもの人生によい影響を与えると思われます。

子どもから大人になっていく過程は、バラバラに切り離されている時間の流れではありません。連続し、つながっている時間帯です。ですから、子ども時代に「楽しかったね」といったプラスのことばをたくさん聞き、出来事をプラスにとらえられるようになれば、それがその子の将来に影響を与えることでしょう。建物の基礎の部分は見えませんが、それが建物を支え、雨風への強度にも影響するのと同じように思います。子どもは無意識かもしれませんが、この時代は、建物の基礎づくりと似ていると感じます。

15

「残念、仕方がない」

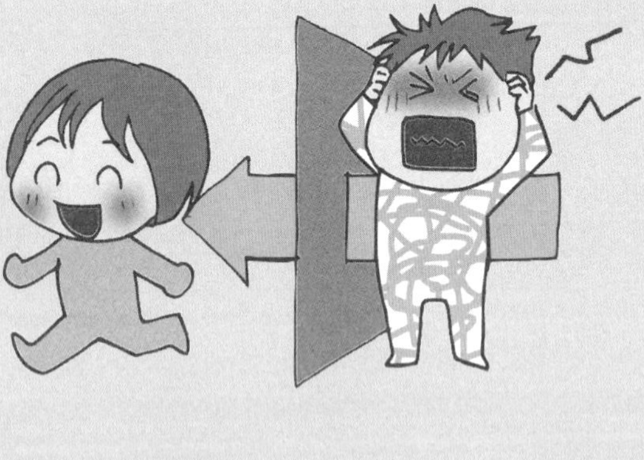

やりたいことがやれない、大切なおもちゃが壊れたなど、自分の意に添わないことが子どもにも起こります。そういうときに、「残念、仕方がない」のことばが、子どもにあきらめることを教えます。このような経験を繰り返すことで、自分の気持ちが切り替えられるようになります。

「残念、仕方がない」

明日動物園
うん!
楽しみだね
RRRRR
わかった言っておく
パパね、明日お仕事で動物園行けなくなっちゃった
えーっ
やーだっやーだっ
今度ね
どうせ明日天気悪いしー
バン
バン
やーだっ
バカ!
あー
ゴンッ
バサ
バン
いいかげんにしなさい!
いつまでもグズグズ
翌朝…
おはよう
まだスネてるの?
ムス

あきらめられない子

一度思い込むと、まわりに自分を合わせられなくなる子がいます。自分が優先され、気持ちが切り替えられません。その姿から、がんこ、強情と思われたりしますが、「残念、仕方がない」といった、自分の気持ちを切り替えることばを知らない場合があります。自分の気持ちの操縦法を知らない子といえます。

こういう子には、怒ったり泣いたりなど、気持ちが高ぶっているときに「残念だけど、仕方がない」ということばかけをします。そうやって気持ちを切り替えられるようにします。

自分の感じにこだわる

「暑い」「疲れた」など、自分の感じにこだわる子がいます。長ずると、「疲れるから勉強しない」「面倒くさいから宿題しない」と話したりします。

「暑い」「疲れた」など、子どもは自分の感じを理由に、大人の指示を拒否しだします。それに対して大人から、「そんなに暑くない」「もうちょっとやれるよ。そうしたら休もう」などと言われ、「暑い」「疲れた」にも、レベルがあることを知ります。

また、不平不満ばかり言っていると、まわりが楽しくなくなることも知ります。その結果、「暑いけれど、がんばる」など、努力しだします。この「乗り越え体験」を通して、社会性とも関係するものごとを「どう感じたらいいか」を学びます。

似た役割を持つことば

「かもしれない」「たぶん」「おそらく」など

※「絶対」とか「全然」という固い見方ではなく、出来事を柔軟に受け止められるようにすることば

いとこのお姉ちゃんにもらったカップね
残念だったねぇ
お姉ちゃんに手紙書こうか

大切にしてたけど割れちゃったのごめんね
かわいいのあったらまた送ってくれるかもしれないよ

…園で…

順番だから
並んでるの
1周ずつ
まだ?
はーい おしまいよ おへやに 入りまーす
まだ!
やってないのー
あっくんまだ1回も乗ってなかったんだー
ぎゃ～
でも、まおくんもだよ
① あきらめられずにいるときは共感の声かけを
あっくん残念だったねまた今度ね
ぎゃー
いただきます
ぐずぐずぐず
② 一度であきらめきれないときは時間をおいてことばかけをする
ごちそうさまでしたー
ひくっ
ひく、
さっきは残念だったね今度は一番でやろうね
コクン

…家で…
わーん
行くー
パパも動物園に行けなくてごめんねって言ってるよ
やだー
しょうくん楽しみにしていたものね
残念だったね
3 子どものことばを代弁して共感してあげる
今日行きたかったのー
お仕事だから仕方ないよ
でも今度のお休みに行こうってパパにお願いしてあげるね
ね、しょうくんもお願いしてみようよ
4 可能なら未来への期待を促す
あのね、今度動物園行ったらライオンの人形買う!
あら! 泣くのやめてえらいね
ライオンきっとすごいかっこいいの売ってるよ
5 気分転換できたことをほめる

Q & A

切り替えられなくて泣いたり、暴れたりと、とりつくしまのないときなどは、どうしたらよいのでしょうか。なかなか話を聞いたりできない状態のときがありますが…。

子どもにも、大切な物が壊れることや、自分の予定と違う事態が起こることがあります。そういう場面で気持ちを切り替えられないときには「残念だね、でも仕方がないんだよ」と、子どもの悲しみや怒りに共感しながら、ことばをかけます。

一日のうちに何度も感情的になるような子には、強い口調で「残念、仕方がない」と話し、あきらめることを促します。

大人の勝手な言い分のようですが、あきらめがよすぎるというか、執着心がなさすぎる子も、それはそれでどうかな…と。

人がもって生まれたものを「気質」といいます。そして、生後、人との関わりや体験によって形成されるのが「性格」です（ちなみに「性格」は獲得されるもので、変えられるとされます）。このほかに、子どもにはそれぞれ、好き嫌いといった「嗜好《しこう》」があります。

子どもの中には、所有欲が薄い、淡泊な気質の子がいます。あきらめがいいという気質の子もいます。気質は性格と違い、変えられません。子どもの気質をよく理解し、関わる必要があります。

あきらめられる力、気持ちを切り替えられる力は、子どもにとっても重要な能力となります。あきらめられず、切り替えられなければ、怒りや悲しみの感情ばかりにかたよってしまう可能性があります。

子どもにとって、自分の感情をコントロールする手助けをしてくれることばがあります。そのような「切り替えことば」を学ぶことで、自分の気持ちに振り回されなくなります。

16

「だって」

何かを行うときに、衝動ではなく、それなりの理由が必要なことを、子どもは少しずつわかってきます。その理由を学ぶことで、自分で考えて判断し、行動できるようにもなります。また、人の言動に対して、その理由を理解できるようになります。

#「だって」

いやだー
コラ
ここは
危ないの
手をつなごう
ブブーッ
ほら
わっ
ここは
手をつないで！
危ないの、すごく
車が通るでしょう
前も小学生が
車にぶつかったのよ
歩道がすごく狭い
わりに車が多いのよ
わかった？
ここだけでいいから
手をつないで
離しちゃ
ダメ
いやっ
どうして
わかっているのに
できないのよ

子どもは理由を知りたがっている

「なんで歯磨きするの?」「どうして歩いていくの?」といった質問を子どもがしてきます。ときにはしつこく、中には大人が答えられないようなものもあります。

人の言動の背景には、何らかの理由があります。自分の言動も同じで、理由が必要です。ペットの犬にはことばはありません。ところが飼い主は、「これが好きなんだよね」などと犬の行動にことばで理由づけをしようとします。それは、理由がわかることで、ペットの犬との間に相互理解や共感が生まれるからでしょう。

子どもは3歳前後から、「なんで?」と大人に質問しだします。大人の答えに対して、次々と質問を繰り出したりします。さらに年齢が進むと、「○○だから〜したい」と理由をつけて主張するようになります。大人のことばに、「だって○○なんだもの」と反論もしてきます。さらに、大人が禁止すると「どうしてだめなの?」と抗議口調で返してくるようにもなります。さまざまな場面で理由を使って主張、反論、抗議ができるようになることが、

なわとびしなさい
の
お子ちゃまの段階的理解
いや
あとで!
あとでやるから(と理由
だって…
理由→
理由を言いたいが言えない
なんで?
どーして?
質問責め(理由を学びたい)

子どもの自我の成長にとって大切です。

理由の表現を促す

理由が言えない子には、「Aなの？ Bなの？」というように、二者択一などのやり方で、理由表現を教えます。不思議なことですが、択一だと適切な答えを選べることが多いでしょう。

似た役割を持つことば

「なんで」「どうして」「なぜ」など

…園で…

こっちのお部屋も片づけます
えーーっ
みんな あと3つおもちゃを箱に入れてね
つかれたー
❶ 理由より区切りで指示を明確にする
じゃあ、次にホールにイスを運びます
えーー
たいへんだよー
こうやって
❷ 子どもにやり方をじかに見せる
イスの背中をおなかにくっつけます
できるかなっ
できる
いやっ
痛ーい
どうしたの痛いの？
お友だちとぶつかった？
どこか痛いところがあるの？
どっち？
❸ 理由を二者択一で示す
痛いのこれ
ほんとだー教えてくれてありがとう

…家で…
いーやーなの
4
子どもの理解力によっては表情も交えて説明
危ないの!
手をつなぎます
手をつなぐのはあそこの角までです
数日後—
5
区切りを明確にする
手をつなぐのきらいよね
どうしてかな?
6
理由の表現方法を教えていく
かっこわるい?
痛い?
例えて選んでもらうなど
赤ちゃんだから
手をつなぐのは赤ちゃん!ということ
ここ痛いの!
小指の爪が長くて痛い!ということ
言えないだけで本人なりの理由がある場合も

Q & A

理由を探るのって、とても根気と時間がいりますね。なるべく時間にしばられない生活を心がけないといけないですね。

子どもの言動の背景にある理由、それがわからないと子どもの本当の気持ちがわかりません。理由が理解できると、対応法も自然とわかってくるでしょう。また、理由表現がわからない、あるいは未熟な子どもは、理由を言えるようにしないと、まわりに自分のことを理解してもらえない可能性がでてきます。

まわりとの関わりで、理由を適切に理解できないと物事を被害的に受け止めたりもします。相互理解、共感、人間関係において、理由の理解と表現は重要な役割を持ちます。

息子なんですが、15 歳過ぎてからひょんなことで 3 歳前の大泣きしたことの理由を聞かされ、たまげたことがありました。確かに、言えないだけで、ちゃんとした理由でした。

子ども時代は、ことばの力が未熟で、「映像記憶」とか「フォトグラフィック・メモリ」が強いとされます。これらの記憶が、大人になっても残っている人がいます。息子さんの場合、3 歳前のことながら印象が強かったのでしょう。それで映像が記憶されました。その後に、言語能力が高まることで、理由表現ができるようになったのだと思います。ただ、そのときの本当の気持ちだったかといえば、それはわかりません。記憶は歪められる場合があるからです。

モンダイ行動
独特の理由がある
りんごやぶどうは
色がついてるから!
理由のいい方がわからない
うーんと
えーと
理由はいらない
やりたかったから!
いやだからいや!

「理由」の存在がわからず、またその役割について理解が不足している子は、衝動的で不安定に見えます。そういう子に対して、衝動的なことを叱っても、その言動はなかなか修正されません。「○○だから～はいけない」と注意されても、「理由」がわからないからです。「なんで、どうして」と聞いてこない子どもは要注意です。

「なんで、どうして」と聞き出したら、理由を教えていきます。理由がわかりだすと、衝動的な言動は少なくなります。

味がきらいだから?
おなかがすいてないから?
二者択一を示すところから引き出す

言わない・言えない子にも
そのこなりの理由があるかもしれない

17

「さみしい」

子どもの成長は、親から自立する道を歩むことでもあります。親から離れ、仲間への帰属を求める気持ちの一つに「さみしい」ということばがあるようです。さみしくなるから、ほかの子に近づき、そして遊んだり、話したりするようになります。

「さみしい」

並んでるの…
ぼく次だよ
乗る!
ずるい
並んでるんだよ
うわ〜〜ん
あの子いっつもずるいの
ごめんね
それぼくの
ブブー
バケツ返して
やだ
かえ・して!!
こら!
やだー
わーん
ポツン…
いっつも乱暴でワガママだからいっしょに遊べないの
違うみんなが悪い

親から自立していく子ども

　ほかの子との関わり具合にもよりますが、子どもは3歳前後になると、「さみしい」と言い始めます。このことばですが、大人が思うほど深刻な意味ではないと思います。「さみしい」、だから「ほかの子と遊びたい」という意味で、仲間を求める気持ちから出てくるようです。

　小学校低学年の子どもは、親といっしょにいるときに「つまんない」と言い出します。それまでは、親と遊ぶことに満足しています。ところがある時期から「つまんない」になり、仲間を求めて公園など外に出るようになります。

　思春期になると、親が話をすると「うざい」と嫌がるようにもなります。一方で、仲間の存在は「うざく」なく、いっしょに行動をともにしたがります。「さみしい」「つまんない」「うざい」のことばは、仲間への興味を強め、親からの自立を子どもに促します。

仲間関係を持たせる

子どもどうしで遊べる空き地などのスペースは減り、習い事などのために、ほかの子と遊べる時間が少ないのが今の子たちです。遊ぶ場所や時間が減ることで、子どもが仲間関係を広げ、深めることが難しくなっています。このことは子どもの社会性の発達にとり、不自然であり、阻害要因となることでしょう。現代の若者はひ弱と評されたりしますが、その要因の一つに、仲間関係の狭さ、繋がりの弱さがあるのかもしれません。

似た役割を持つことば

「お友だちと遊びたい」「みんなと行きたい」「(友だちのいる)公園がいい」など

…園で…

そっかー
さみしいんだ
お友だちと遊びたいよね
コクン
あのね、みんな順番を守って三輪車に乗ってるよ
乗るときどうする？
みんな並んでるよ！
ここ！順番
あーよく知ってるね
ひでくんも入れてー
ちゃんと並ぶから
たたかないならいいよ
たたかない
翌日ー
やだー
ズルイ
ひでくんねタッチされたのにオニやらないの
みんなズルイって言ってるよ
ズルくないやなの
だれも遊んでくれなくなるよ
さみしくなるよ

1 人と関わるにはルールを守ることを教える

2 さみしいは自分の非を認めさせ、行動を諭すときに有効

…家で…
あらクマちゃんが
ひとりだね
あ…
さみしい？
？
ひとりでいたから
さみしかったね
3 さみしいという
ことばの理解と
共感を育てる
公園で―
ひとり？
そうだね
さみしそう
だね
遊ぼうって
いう
そうね、ひとりは
つまらないもんね
誘ってみる？
4「さみしさ」を共感できる
場面があれば「やさしさ」
を促す
いっしょに
遊ぼうって
誘ってみたら？

Q & A

「さみしい」から人と関わりたい、関わりたいからイヤな決まりを守っていっしょに遊ぼうとする…となると、「さみしい」感情は重要なんですね。

仲間に目を向けさせ、さらに仲間集団への依存を強めて親からの自立を促すという意味で、重要な感情だと思います。

またご指摘の通り、わがままを言えば、ほかの子と遊べなくなる、それは「さみしい」ので自分をコントロールする、という力も高まるでしょう。「さみしい」という気持ちは、人が互いに助け合い、社会を形成し、それを維持しようとする心の働きにも、影響していると思います。

「さみしい」を感じにくい子もいますよね。むしろひとりでいたい子とか。

確かにいます。好きなことがあり、それに熱中できる子に多いと思います。ただ要注意なのは、携帯型ゲーム機などのゲームに没頭している場合です。これでは、仲間関係が作りにくくなります。パソコンを使い、対戦ゲームに熱中している子もいます。こういう子の中には、顔も見たことがないネット上の相手を「友だち」と認識していることがあります。

現実生活が充実していることを、若者は「リア充」と言うそうです。ネットで遊ぶ子たちは、本心では「リアルではない」ことを知り、「リア充」を求めているのかもしれません。

「さみしい」ということばがなく、ひとり遊びの方を好む子もいます。ある子は、「友だちはいる？」と聞くと、「ひとりいる」と答えます。その子に「毎日会うの？」と聞くと、「1年に一度くらいしか会わない」とも話します。そのような答えを聞くと友だちとは言えないような気もしますが、子どもによって、友だちの定義は違います。また年代によっても、「友だち観」が異なるようです。大切なのは、「友だちがいる」という子どもなりの実感なのでしょう。

18

「怖い顔をしない」

子どもは、自分の思いが強すぎて、相手に対して怖い顔をしながら大きな声で断言することがあります。子どもが自分自身を客観的に見られるようになるのは、10 歳前後からとされます。それまでは、大人が子どもの感情表現をモニターし、適切なものに修正させる必要があります。

「怖い顔をしない」

スイミング行きたくない
ダメ〜
休まないよ
自分で入るって決めたんでしょ
さなえちゃんばいばーい
ばいばい
!!
いつまでスネているの！休まないよ
先週もスネて休んでいるし
行きたくないの！
じゃあジュース買って！
ジュース買ったら行くよ
フン
じゃあって何よ！
こんにちは！
こんにちは！
しらす
スイミングクラ
ほらごあいさつは？
こんにちは
!!
始めるよーこんにちは
こんにちは

苦手なセルフモニタリング

　自分の行いが、人にはどう見えるかをチェックできる働きを、「セルフモニタリング」といいます。子どもは、自分自身のことをモニターするのが得意ではありません。そのために、場をわきまえない、興奮しすぎ、ふざけ過ぎといった、ある面でいえば「子どもらしい」姿を見せます。

　また子どもは、体験の少なさも影響して、自分の言動がまわりにどのようなインパクトを与えるかについても、大人のようには予測できません。このために、ときには強圧的でぶしつけといった言動を取ったりします。

教えたい感情のコントロール

　子どもは感情のコントロールが苦手です。だから、よく泣いたり怒ったりします。ただ、赤ちゃん時代から年齢を重ねるごとに、泣くことは減ってきます。6歳前後からは、「泣くのは恥ずかしい」

この人は
怒っているかな？
いらいらしてないかな？
ぼくのこと好きかな？
がっかりしてないかな？
子どもでも常に探ってます
表情や声のトーンから

と思うようになり、感情の露出を自制するようにもなります。

ただ、あまり泣かなくなったとはいえ、子ども時代には、感情のコントロールがうまくできません。なお、コントロール力には個人差もあります。感情が豊かな子は、そういう気質だと理解することも必要です。

似た役割を持つことば

「怒っているみたい」「静かに話して」「ことばで言うよ」など

車ごっこしようよ
なわとびしようよ
オレもー
車っー
キャー
車で遊ぼうって言ってるの！
怖い顔をしないで！ 怒らないで話して！
怒ってない！
ううん
怒ってて怖いよ
うー
1 自分の声が人にいやな印象を与えていることを教える
お口を「にー」ってして、中ぐらいの声で言ってみて
車で遊ぼうよ
車で遊ぼうよ
うん！ 今度はやさしく上手に言えたね
じゃーお友だち逃げちゃったから先生と車やろうか
なわとびにする
2 やさしくていねいにできたときはほめます

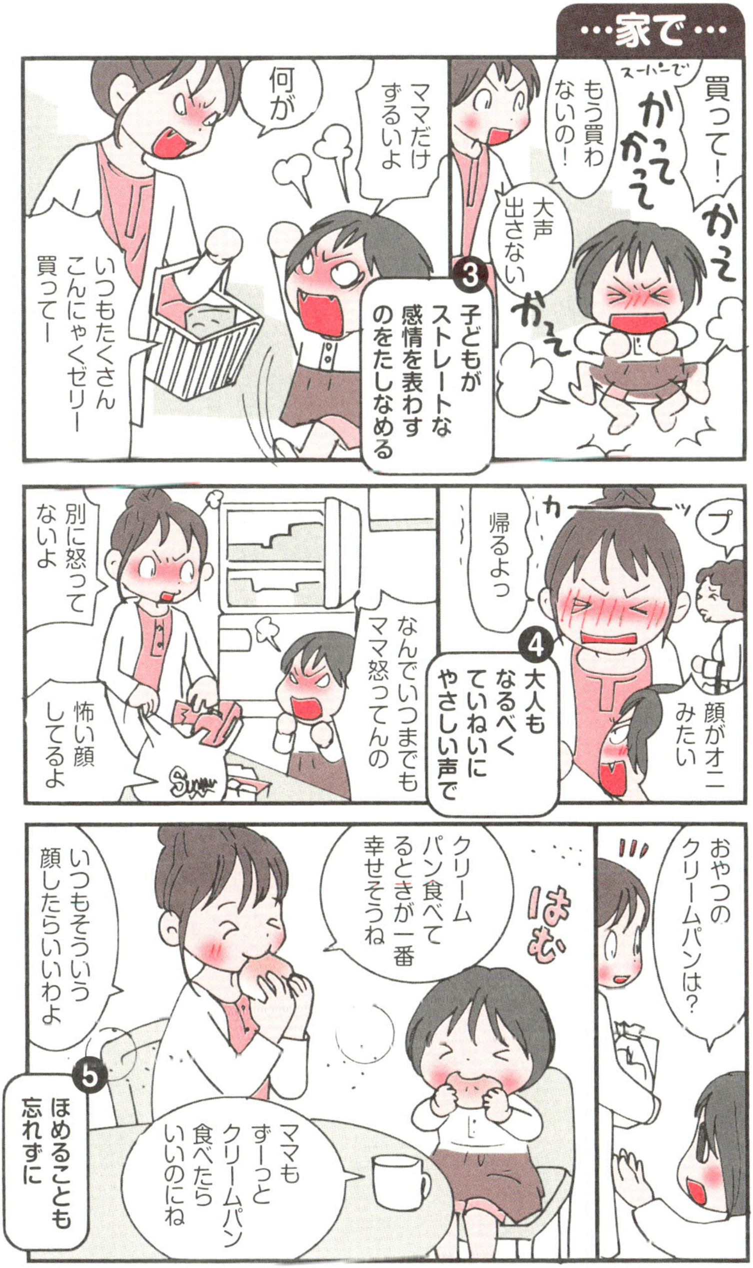
…家で…
スーパーで
買って！
かってかって
かえ
もう買わないの！
大声出さない
かえ
3 子どもがストレートな感情を表わすのをたしなめる
ママだけずるいよ
何が
いつもたくさんこんにゃくゼリー買ってー
プ
顔がオニみたい
カーーッ
帰るよっ
4 大人もなるべくていねいにやさしい声で
なんでいつまでもママ怒ってんの
別に怒ってないよ
怖い顔してるよ
おやつのクリームパンは？
はむ
クリームパン食べてるときが一番幸せそうね
いつもそういう顔したらいいわよ
ママもずーっとクリームパン食べたらいいのにね
5 ほめることも忘れずに

Q&A

かんしゃく持ちとか、一度怒るとやたら長く怒っている子とか面倒で付き合いにくいですが、まわりのことより自分の感情でいっぱいっぱいなんですよね？

まず、自分の言動が、まわりからどう思われているかを学んでいない可能性があります。こういう場合には、どう思われているかを伝えていくことで自制を促します。あわせて、自分の感情をコントロールする力が身についていない可能性があります。こういう子に対しては、「怖い顔をしない」などのことばかけをし、感情をコントロールできるよう教えます。

気質的に「怒りんぼう」という子がいます。ただ、いつも怒ってばかりいる子には、友だちができなかったりします。理由にもよりますが、不必要に怒らないよう注意しましょう。

うちの子は、中学生ころからは、何とかその場ではがまんして、自宅で本棚を蹴ったりしていました。やはりどこかで発散しないといけないものなのでしょうか？

中学生のころは、「自立期」とされます。自立期に入ると、親に全面的に依存し、多くのことについて親に判断を仰げばよかった時代が終わります。そして、自分で考えて判断し、行動する、その結果についても大人のように自分で責任をとらなくてはいけなくなります。

子どもにとって、自立期は自分に自信が持てなくなる、危機の時代ともいえます。このために、八つ当たり的な行動を見せたりするのでしょう。

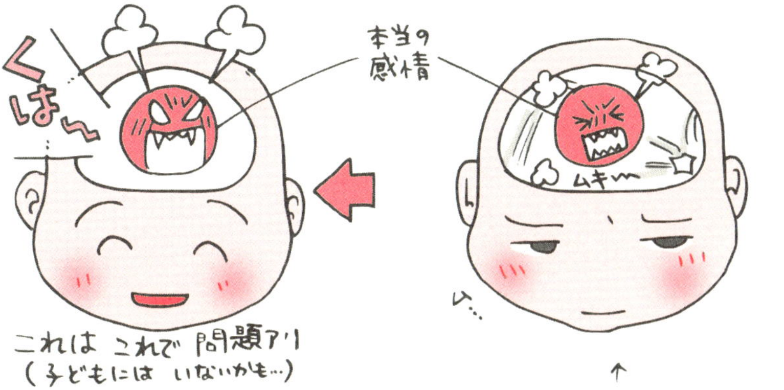
くは〜
本当の感情
ムキ〜
ん…
これは これで 問題アリ
(子どもには いないかも…)

駅など、人の目のあるところで転ぶと、痛さよりも恥ずかしさが先に立ったりします。家の中では、恥かしいよりも痛みを強く感じます。人の目がないからです。人間は、自分の感じだけでなく、他者から見たら自分がどう見えるかという視点も獲得します。「私＋他者視点」を、「メタ認知」と言います。

メタ認知が働かないと、自分勝手な言動でも、そのおかしさに気づけなかったりします。言動がまわりにはどう思われているのかを教えて、メタ認知の成長を促します。

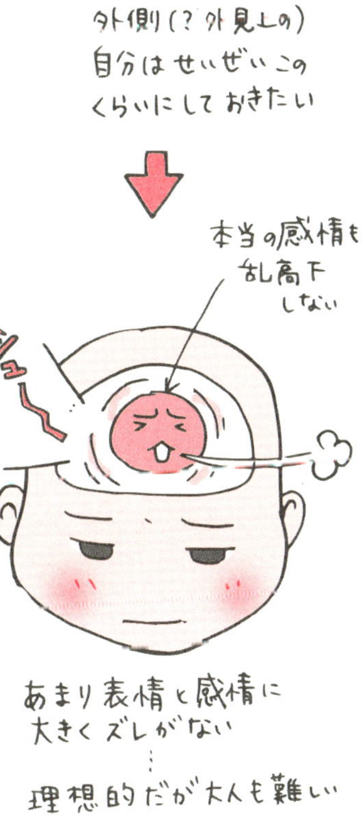
外側(?外見上の)
自分はせいぜいこの
くらいにしておきたい
本当の感情も
乱高下
しない
シュ〜
あまり表情と感情に
大きくズレがない
理想的だが大人も難しい

19
「好き」

姿かたちばかりでなく、ほかの人と好きな人や物が違うから、自分の個性を確信できます。好きなことがあれば、それに熱中でき、幸せな気持ちにもなれます。好きなことが同じだから友だちができ、仲間を増やすことができます。

「好き」

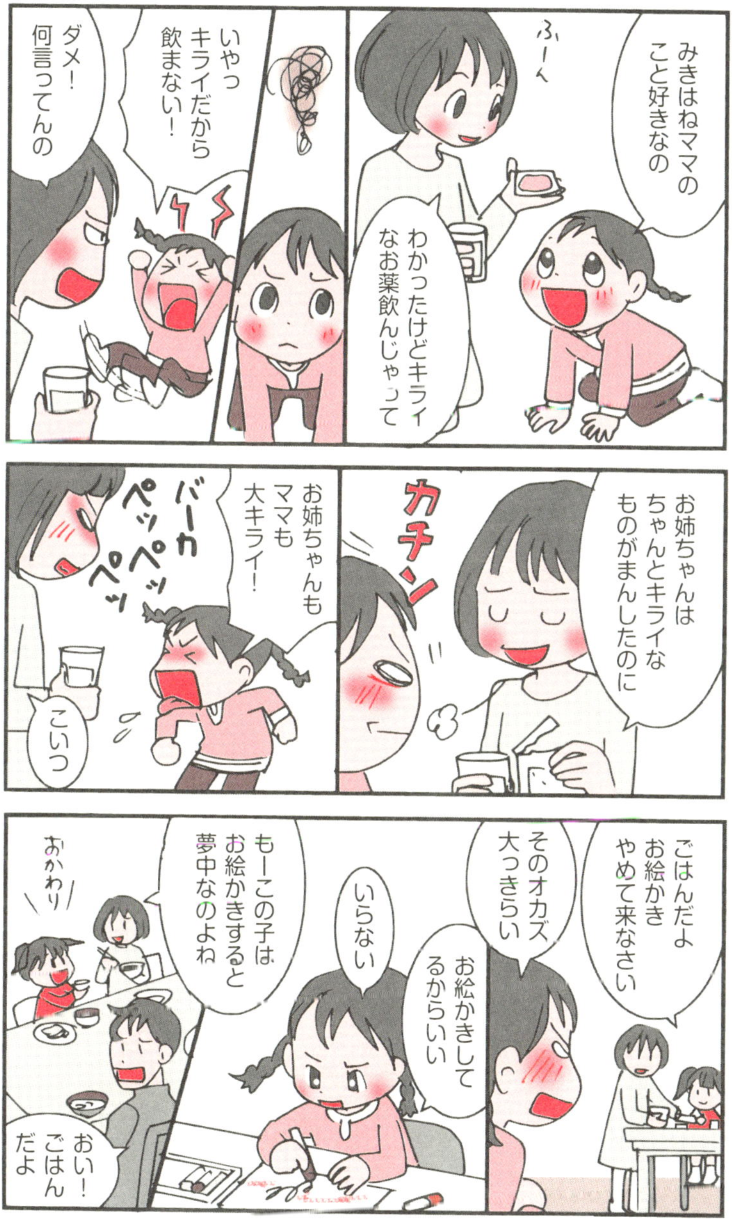
みきはねママのこと好きなの
ふーん
わかったけどキライなお薬飲んじゃって
いやっキライだから飲まない!
ダメ!何言ってんの
お姉ちゃんはちゃんとキライなものがまんしたのに
カチン
お姉ちゃんもママも大キライ!
バーカ
ペッペッペッ
こいつ
ごはんだよお絵かきやめて来なさい
そのオカズ大っきらい
お絵かきしてるからいい
いらない
もーこの子はお絵かきすると夢中なのよね
おかわり
おい!ごはんだよ

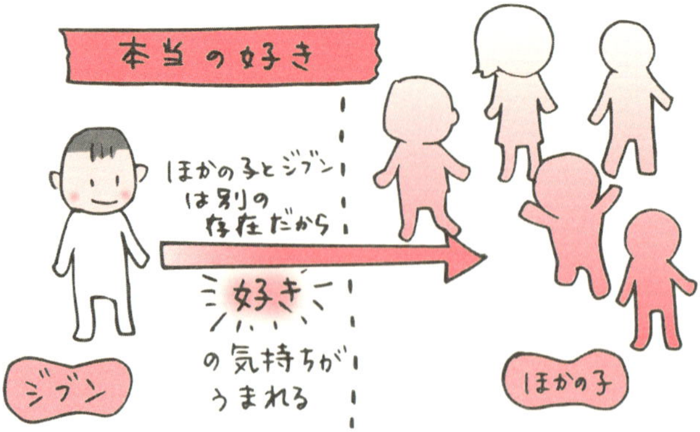
本当の好き
ほかの子とジブンは別の存在だから
好きの気持ちがうまれる
ジブン
ほかの子

子どもどうしを結ぶ「好き」な遊び

2歳台の子どもどうしは、例えば電車を走らせるなど同じような遊びをしながらも、いっしょには遊べません。この姿は「平行遊び」といわれる段階です。ところが、平行遊び状態ではあっても、ほかの子の動きをチラチラと見るようになりだします。見ながら、ほかの子の遊びをまねし、自分の遊びに取り込んだりします。

そういう時期から次には、子どもどうしがいっしょに遊ぶ姿を見せだします。そのうちに互いに役割を決めたりして、「協同遊び」ができるようになります。「好き」という気持ちが子どもたちを結びつけ、「好きな子」、そして「友だち」へと変化させていきます。

「好き」が多いと人生が豊かになる

子どもの場合、好きの反対は「嫌い」ではなく「無関心」のようです。「嫌い」のことばは子どもからあまり聞かれず、使うと

きには「嫌いなときもある」「ときどき嫌い」と話し、「絶対的に嫌い」という印象ではありません。嫌いなことがいっぱいあると、人生は生きづらく感じられるでしょう。「好き」という気持ちは友だち作りにつながりますが、「嫌い」の感情は、人との関係づくりに役立つとは思えません。できるだけ子どもには「嫌い」ということばを使わせないようにした方がいいでしょう。子どもに、好きな対象がいっぱいあれば、その後の人生に豊かな彩りを与えることでしょう。

似た役割を持つことば

「いいよね」「かっこいい」「かわいい」など

※「かわいい」は女の子が使い、3歳前後から何かを欲しがるときの基準になったりします。「かっこいい」は、男の子がヒーロー物を見ながら使い、あこがれるようにもなります

…園で…
あら、ゆうくん 粘土に夢中ね
ゆうくんは 粘土が 好きなのね
1 「好きだよね」と話し、その気持ちに気づかせる
一生懸命 やってるよね
えへ
どうして 好きなのかな?
2 理由を聞いてみる
あのね 手がいい 気持ちで
おもしろいの 作れるから
かいくんと りこちゃん はいつも いっしょね
やめて
来ないで! 嫌いなの!
わーん
そういう言い方は いけないよ 言われたら 悲しくなるでしょう
泣かないでね!
3 嫌いを ひんぱんに 使う子は たしなめる

…家で…
最近ナオちゃんといっしょにいるね
うんナオちゃん好きなの!
そっかー
ナオちゃんいい子よね
うん!やさしいし踊りがうまいの
4 子どもの好きを軽視せず大切にする
そういえばゆきちゃんとはあまりお話しなくなったね
だっていじわるだからキライ!
あら仲良しだったじゃない!イジワルばかりじゃないでしょう?
んーちょっとだけキライ…かな
5 絶対的嫌いをさけ、ほかの表現を導くようにする
あーやった!今日のテレビでアニメのうさぎちゃんいっぱいやる!
うさちゃん大好きだもんね
でも見る前に手を洗ってうがい
へーい
それと5時から歯医者さんだから4時半までだよ
6 好きでも無制限でないことを教える

Q & A

「好きなこと」に、深く集中して取り組む子がいます。集中するあまり、まわりには共感できない場合もあります。

「好きこそものの上手なれ」と言われます。好きだからこそ熱中し、持続することもでき、また上達もします。こういう子は、男の子に多いように思います。いわゆる「職人芸」とされるような仕事に就くのも、男性が多いようです（時代が変わり、これからは一生の仕事として「職人」になっていく女性が増えるのかもしれませんが）。

女の子どうしはお話好きです。女の子は、友だちに「共感」を求めるともいわれます。一方で男の子は、カードゲームに熱中したりします。カードゲームで重要なのは、相手のパワーなどの「情報」です。すべての子にはあてはまらないでしょうが、性別によって求めるものがちがうようです。

「好き」なものが多い方が、人生が広がるというか、きっといいことが多いのでしょうね。なるべく「好き」なものを増やしたらいいのでしょうか。

好きなことが多い方が、人生は楽しいと思います。大人には、子どもの好きなことをいっしょに探す役割があるように思います。

人に対する
「好き」は
区別
この人は ジブンじゃない
だから 好き
この人はこう
ジブンはこう
ジブン
の確立
ジブン
の
確立

自分の好きなことを、まだ見つけられずにいる子がいます。自分の本当の気持ちについて命名できていない子もいます。そういう子には、できることや集中・持続して取り組めることについて、「○○が好きなんだね」と伝えます。そのことばで、自分の「好き」という気持ちを気づかせます。

好きなことがコロコロと変わる子もいます。飽きっぽい性分なのかもしれませんが、時間をかけながら、じっくりと取り組む大切さも教えたいものです。

物ごとに対する
「好き」は吸収
おはなし
うた
乗りもの
動物
虫

20

「名前」

人には名前があります。子どもたちの中には、いっしょに遊んだ子の名前を言えない子がいます。人への関心や結びつきが薄いことが原因なのかもしれません。大人が、子どもの交友関係に関心を持ち、友だちの名前や特徴を聞くようにします。

「名前」

それでねアイアンがソルトリバーに行ってファルコンの玉取るの
すげぇ
じゃあ赤い橋渡るの?
赤い橋にオオフナムシいるじゃん
オオフナムシはねー粉でやっつけるの
粉!?
フンドシオドリの粉?
違うよアミ貸して
アミカシテの粉?
ないよそんなの
ユークミン城の王様のハナ毛の粉をもらうんだよ
マジ
そっか!
あ! ママ!
ありがとう! またね
またね
仲いいね! なんていう子?
知らない
でもよく話してるじゃないの
知らない

ゲームキャラクターに詳しい子ども

子どもたちに、自分のクラスの子の名前を聞くと全部は言えなかったり、少人数しか言えない子がいます。だれと遊んだのかを聞いても答えられなかったりします。生身の子どもの名前を言えない子が、ゲームやカードのキャラクターについては、名前だけでなくその特徴や属性にとても詳しかったりします。

以前は、ほかの子との遊びは限られた種類しかありませんでした。このために、遊び相手は貴重で、強いきずなを感じさせる存在だったのでしょう。しかし今は、テレビゲームなど遊びの種類が豊富になりました。また子ども時代から、現実に相手がいなくても、ゲームなどと遊べます。リアルしかない時代から、バーチャル世界も併存するようになりました。このために、ほかの子への思いが弱まっているのかもしれません。

子どもの毎日に興味を持つ

名前を覚えないもう一つの理由に、親が子どもの友だちに関心を持たないことも影響しているのかもしれません。これには、親子の間で十分に会話ができないなど、忙しさに要因があるとも思います。子どもの交友関係に関心を示し、話を聞くことで、子どもの毎日に興味を示したいものです。

似た役割を持つことば

「今日は何して遊んだ?」「何を食べた?」「何が楽しかった?」
など　※属性など

…園で…

この先生はだれだっけ？ えーっと…？ は…花…
はな
お花のハナ お水のミズと 木でハナミズキ 先生、言ってみて
1 覚えられないとわかったら何度か言わせてみる
2 連想できるキーワードを教える
ハナミズキ先生
そうよ お花のハナと…
違うよ ハナミズの先生ですよ ハークション
あはは
じゃあ、この人はお名前は何でしょう？
ピース
ピース？
違いまーす ヨン・ゴー・ロクのロクちゃんです
ロクちゃん
そうよ ロクちゃん
ピース
3 数日おいて記憶が定着しているか聞いてみる
先生の名前は？
は…な…
ハナミズの先生
おしい、サンカク
ロクちゃん

…家で…
吉祥寺のやつ
それは中央線
そうか、あの子が電車に詳しいニコくんね
同じクラスのニコくんさ
4 大人も子どものまわりの人に興味を持つ
ニコくん？
5 家庭でもお友だちの話題をつくる
ほら、電車に詳しくて背が大きい子ニコくん
へー
ニコくん
ニコくんはね電車が好きなんだけど虫も好きなんだって！
ぼくも虫が好き！
6 名前の出る会話をする
そういえばジャーン遠足の写真できたよ
わー
おいもたくさんとってる！
この人はだれでしょう？
まい先生？
ブッブーゆうこ先生！これは？
しゅうくん
ピンポーン
7 行事の写真などでクイズなどして遊ぶ

Q & A

名前は、私もかなり覚えるのに苦労するんですが、そういうタイプの人は、努めて覚えるようにしないと生活の中でかなり困りますね。

人の名前をよく覚えられる人と、覚えられない人がいるのは確かです。ただ、名前をよく覚えられる人は、その人の名前だけでなく、人相、背格好、職業、話しぶり、好きなことなど、いろいろな特徴もインプットし、また復習もするそうです。単に能力だけではなく、それなりの工夫、努力があるようです。

名前をよく覚えられる人たちの工夫は、覚えられない人にも有効だと思います。子どもも同じで、ある子どもについての情報が増えれば増えるほど、その子の名前は忘れられなくなるのではないでしょうか。

子どもに名前を覚えさせるために何度かその子を話題にしたり、クイズにしたりしていましたが、そもそもだれがわからないかがわからず（笑）、困ったことがありました。

ほかの子の名前がわからないと、子どもの学校や地域での生活ぶりがわかりづらく、困ることがあります。またほかの子や、大人にお世話になっても、だれかわからずお礼を言えなかったりします。子どもに人との関わりで重要な「名前」の大切さを伝え、記憶するよう促したいものです。

ネット上で知りあった人と、現実の世界で飲み食いするのを「オフ会」と呼びます。このオフ会では、本名ではなくハンドルネーム（ネット上で使う自分の名前）で呼び合うことが多いそうです。相手の住所、所属、携帯の番号など知らなくても平気なようです。共通の趣味などでつながれていればよく、相手の人間性や属性などには興味が薄いようです。不思議な交友関係と感じてしまいます。きっと世代が違うと通じないのでしょうが、もっと人間として、全体的な関わりを人と持ってもらいたいものです。

21
「おはようございます」

オオカミは、群れに入るときに、風上から声を上げながら近づくそうです。自分は敵ではない、という意思表示であり、これは「おはようございます」にも同じような役割があると思います。あいさつしない人が気に障るのは、人が群れを作る動物だからかもしれません。

「おはようございます」

ねー
それで遊ぶ
はい
えぇ
あ、お手紙提出だった
ママ、職員室に行ってくるね
そうだ
こっちも出すんだ
スィ〜
でしたらノートで…
だって〜
あははは…
あはは
ギョッ
いつのまにえみちゃん来てたの？
「おはようございます」って言った？
ビックリした〜

「おはようございます」は仲間への配慮を表すことば

オオカミが仲間の群れに近づくときは、風上から入っていくそうです。においを風にのせ、自分の存在を相手に知らせます。また、声も上げるといいます。仲間に敵と思わせない、つまりは不要な警戒心を抱かせないようにするためです。

「おはよう」というあいさつは、オオカミの仲間入りの声と同じ役割を持つかもしれません。自分は敵ではありません、警戒しないでくださいという合図です。例えば、朝、自分の部屋に「おはよう」なしでだれかに入ってこられると、唐突な感じ、侵入された気分になります。それが不愉快な感情にもつながっていきます。

大人があいさつをするように促すのは、子どもに群れを意識させ、また群れにスムーズに入れるよう、その方法を教えているともいえます。子どもは無力ですから、乱暴な人の怒りを買えば思いもよらぬ仕打ちを受けるおそれがあります。危険を回避するためという意味もあるでしょう。

「おはよう」が言えない子

集団の中には楽しい相手ばかりがいるわけではありません。怖い存在もいることでしょう。でも、入らないと、いっしょに遊んだり、活動したりすることができません。ひるむ心に勇気を与え、後押ししてくれるのが「おはようございます」のことばなのだと思います。

何度注意されても「おはよう」がいえない子は、集団に入るときの緊張感が強いのかもしれません。だから、黙ってこっそりと、そこに入っていたいと願っているのでしょう。「おはようっていいなさい」と叱るよりも、大人は子どもの手を取って、いっしょに「おはよう」と言ってあげましょう。

似た役割を持つことば

「ただいま」「来たよ」「よろしくお願いします」など

…園で…
あれーっ？
スル〜
おはよー
へんしーん
トオッ
こまちゃんおはようございます
あいさつして入ろうよ
❶教室などに入っていくときはあいさつすることを教える
みんなもちゃんと「おはようございます！」って言って入ろうね！
急に入ったら先生びっくりしちゃうよ
トオー
できる
はーぃ
聞こえた人は「おはよう」ってお返事しようよ
❷あいさつに返答することも促す
教室に入るときだけじゃないよー道で会っても言うよ
クイズでーす
じゃあ帰るときは何て言うんでしょうか？
はーい
うーんと…
ほんじゃーー！
「さよなら」だよー
急に帰るとびっくりするから言ってね
ぎゃははは…
はーい
❸道で会ったとき、帰るときもあいさつするように教える

…家で…
おはようございます 今日は暖かいですね！
おはよう ございます
これから 幼稚園？
ええ！ みーちゃんも 「おはようございます」 して！
おはよう ございます
4 進んであいさつする姿を子どもに見せる
恥ずかしいけど がんばって言えたね！ エライ
5 がんばりを認め、ほめてあげる
みーちゃん ぐらいのときって、みんな 恥ずかしいの よね
上手に 言えて たよー
おはよう ございます！ 行ってきます
遅刻？
行って らっしゃい
あいさつして もらうと 気持ちがいいね
うん
6 してもらった 気持ちを 共感させる
ガラ
おはよう ございます
おはよう

Q & A

早い時間でまだ人も少ないといいけれど、すっかり人数もそろって盛り上がっていたりすると「おはようございます」って入っていくのは勇気がいりますね。

集団が形成され、同じ目的に向かって協同してメンバーが行動しているときには、その場にある種の緊張感が生まれます。野球とかサッカーなどの試合と似ています。

遅れて入ると気おくれしてしまいます。このときに、メンバーから「おはようございます」と声かけをしてもらうと、救われたような気がしたりします。

一方で、いっしょの場にはいるけれども、それぞれがバラバラの仕事をしている新聞社や出版社の記者や編集者、あるいは研究者どうしでは「おはようございます」のあいさつがなかったりします。特定の目的を持つという、集団が形成されていないからでしょう。

集団に入れない、あいさつがしにくいと感じるのは、どういうことが原因なのでしょうか？

集団が形成されていながら、そのメンバーに入っていない場合、同じ場にいると緊張するはずです。というのも、集団はメンバー以外に対しては無関心だったり、あるいは敵とみなし、排斥しようとすることがあるからです。そういうムードが集団のメンバーに漂っていれば、気おくれしたりするでしょう。

「おはようございます」をはじめとして、あいさつができないとまわりからの評価が低くなったりします。逆にきちんとあいさつできると、それだけで評価が上がったりします。あいさつが重要な役割を持っていることがうかがえます。

あいさつは、勉強と同じで習慣です。毎日言っているうちに、それが自然に出てくるようになります。家族の中ではスムーズに出てこなくても、その大切さが理解されていれば、外であいさつができることでしょう。

22

「順番」

「順番」は子どもが初めのころに学ぶルールです。ルールは見えませんが、順番は見えるので、子どもにはわかりやすいと思います。順番を理解すると、自分の行動をコントロールする力がついてきます。

「順番」

ダダダダ
あ
キコキコ
横入りだめだよ
あいてんじゃん！
ズッ！
…とか
ガー
こら
わー
ダダダダ
ダン
やった
座れた
…とか
並ぶの
前に詰めて
あ
ぼ〜〜〜
ちょっと詰めて！
ぼ〜
宇宙と交信中

順番が教える仲間内での振る舞い

順番は、子どもにとってはわかりやすいルールです。その半面、子どもの間で順番をめぐる争いは少なくありません。「順番を破った」「順番の決め方がおかしい」「ずるして順番を飛ばした」などさまざまな理由があります。順番は守らなくてはいけない、しかし順番を守りたくない気持ちも、子どもの心の中には存在します。

ただ順番を守らないとほかの子と楽しく遊べません。また子どもは、徐々に多数決での決め方を尊重するようになります。順番を破ると、まわりの多数の子から非難されてしまいます。順番に対する相反する気持ちを持ちながら、結局は自分をコントロールできるようになり、順番を守れるようになっていきます。

列を詰める

例えば平均台をするときに、子どもが座って列を作るとします。4歳台の子どもは、前の子が平均台に出て行っても、列を詰めよ

うとはしません。大人から促されて初めて気づさ、前に移動します。5歳台になると、一部の子が自分から移動するようになります。列の意味や、全体のことがわかってくるからでしょう。それが6歳になると、集団が形成されているクラスでは、ほぼ全員が、何も言われなくても詰められるようになります。順番を意識し、次の人は前に出るという列の意味が分かるからだと思います。

似た役割を持つことば

「交代でやる」「次だよ」「今度ね」など

…園で…
①
ホール遊びで…
ボ〜…
ウメちゃん前あいてるよ詰めて
列の前があいたら詰めることに気づかせる
ス…
②
いけないんだよ
あいてたからいいんです！
こらこら
みんなやりたいのよあいてても入れません！
やめて
見て！
ほら見て途中で落ちたら続きからよ
待っているときに列を詰めたり、やっている人を観察してやり方を覚えたりさせる
③
わぁーもうすぐナナちゃんの番だ！わくわくするね
うん！がんばる
待っている間に期待を高め、意欲を育てるようにする

…家で…
わー並んでる人気あるねー
コロッケ
4 いっしょに並ぶことで自然に並べるようにする
仕方ない並ぶか
ママ前あいたよ
ほんとね教えてくれてありがとう
5 子どもの心くばりを評価する
わーユカの後にもたくさん並んだね
ママいいニオイがする
あ、先に注文するみたいよ
4つ
6 待ちながら様子を観察する姿を見せる
おいしそうね
うん
並ぶのは好きじゃないけどおいしいからねぇ
コロッケ

Q & A

外国人って日本人があちこちで並ぶからびっくりしますよね。「順番」って自然にわかることというよりも、学んで身につけるルールなんですか？

ある国では、人は列をつくらずにバスの乗車口や競技場の入場口に殺到するといいます。映像でも見たことがありますが、とても危険な印象を受けました。順番を守ることは、人間が本来的に身につけているものではないようです。育っていくなかで、日本の文化の影響を受けながら獲得していきます。

ですから子どもには、順番を守るよう教えていく必要があります。教えなければ、列など関係なしに殺到してしまう可能性があります。

「順番」ってわりと初めにおぼえる簡単なルールだと思うのですが、「横入りしない」とか「順番を待ちながらやっている人を観察する」とか「（列を前に）詰める」とか案外高度なんですね。

順番を待つなかで心構えができたり、運動などではイメージトレーニングができたりします。順番を待つことは一見苦痛のようですが、例えば遊園地では何時間も待てたりします。長時間待てるのは、楽しさを予感しながらドキドキ感を高め、その気持ちがアトラクションの楽しみを倍加するためなのかもしれません。

順番

「基本」のルールが どんどん
組み合わされて遊びが進歩していく
じゃんけん
追いかける
逃げる
ける
まねをする

日本文化の中で「順番」が守れないと、その人への評価は下がることでしょう。それほどに、日本社会では列を乱すような、感情のコントロールができない状態を嫌います。

逆に「順番」を守れない子、列を乱す子の中には、日本の文化に染まらない、強い個性を持つ、才能豊かな子がいる可能性もあります。最近、子どもに対して正常とされる範囲が狭まり、狭くなった分だけ「気になる子」が増加しているように思います。大人の寛容の範囲が狭量になっているので、そのことを子どもを評価するときに意識する必要があります。

23

「わざとじゃない」

子どもはある年齢になると、ほかの子の行為の内面にある動機について、関心を持つようになります。もしもぶつかったときに、相手に悪意があれば反撃します。わざとでなければ、相手を許さなくてはいけないと思うようになります。

「わざとじゃない」

コウちゃん ボールとって
はーい
ドン
ぎゃーーん
痛い
わざとじゃないもん
痛い
あやまれ
わざとだ
大丈夫? わざとじゃなかったのよね
痛かったね 許してね
わざとだ! いじわるだ! 許さない!
こらこら
ぼくもわざとじゃないから謝らないよ
わーん

「ごめんなさい」がないので立ち往生する子ども

4〜5歳の子が、ほかの子からぶつかられたときに、相手が「ごめんなさい」と言わないと怒り、泣きだすことがあります。謝罪がないので、相手は「わざと」の行為だと思います。でも仕返しはしたくなく、結局はどう対応していいかわからず、立ち往生してしまいます。

欧米では、エレベーターなどで人とぶつかったときに、「ソーリー」「イクスキューズミー」ということばがよく聞かれます。それらのことばには「ぶつかりましたが私には悪意はありません。警戒しないで結構です」というメッセージが込められているようです。

もちろん日本人もぶつかったときに、「ごめんなさい＝わざとじゃありません」と言うことはありますが、欧米ほど神経を使ってはいないように思います。

内面性に気づき、それを重視する

子どもが、人間の外面や行為には、別の内面的な理由があると思うようになるのは、4～5歳からです。自分を侵害する行為について、「わざと」か「わざとじゃない」かという視点で判断しだすのも、このころからです。心の動きにも気づきだし、このころから不安や恐怖も芽生えてきます。この時期の子どもは、内面に気づき、内面が育っていくという点で、変化が大きい時代ともいえます。

似た役割を持つことば

「ごめんなさい」「もうしない」「許して」など

家で
みんながいじめる
先生がぼくばっかり怒る
謝れって言うの
う〜ん
子どもの話だけでうっかり真に受けると大変なことに

…園で…
あーあ ぶって泣かせた
どうしたの？
あーあー
ぶってない
わーん
大丈夫？
さとくんぶった
ぶってない
うん！ わかった ちょっとみんなおいで
❶ 実際に寸劇をやって判断させてみせる
並んでまーす
おっと！
わ
わ
ぶつかっちゃった 今のは先生わざと？
わざとじゃないー！
わかんなかったから
うん
じゃあこれは
ドーン
わざと
かわいそう
そうね！ わざとじゃないときは「ごめんね」って言おうよ
やられた人は許してあげようよ
ごめんね
❷ わざとでないときは謝ることも教える

…家で…
今日は自由遊びのときに何をしたの？
んーと…ろうかでボーリングごっこ
わー楽しそうだれとやったの？
なおくんとやっちゃんとごろちゃん
ごろちゃんのボールぶつかって…
3 子どもの園での出来事などを引き出す
あら！たいへん
ごろちゃんがぶつけたの痛かった！
いじわるした
4 気持ちなどを振り返らせる
ごろちゃんボーリングで玉をころがしてたんでしょ
うん
じろちゃんに投げたんじゃないと思うよ
「ごめんなさい」って言った？
うん
じゃあ「いいよ」って言ってあげないと
わざとじゃないよ「ごめんね」って言ったら？
「いいよ」って言う
そうだよ
5 そのときどうすればよかったか考えさせたり教えたりする

Q & A

「ジブンは被害者」というネガティブな気持ちは、けっこう手ごわいトラブルの元になりがちですが、「わざとじゃない」ということばの理解で世界がずいぶん変わりそうですね。

「ジブンは被害者」という見方ですが、確かにまわりから「わざと」悪意を持って迫害されているという思いがあるようです。それとともに、見方が自己中心的で客観的な状況判断ができない、という特徴があるようです。中には、狂信的と思えるほど固い信念を持つ人もいます。

家庭で理解を促す場合、劇仕立てはキャスト不足なので、人形でやったりしましたが、けっこう技術や説明力が必要で苦労しました。「わざとじゃないビデオ(アニメ)」などあるといいな、と思います。

劇のようにして教えるのを、「ソーシャル・スキル・トレーニング」(社会的技能訓練)と言ったりします。ただ、こういう架空の場での学習は、現実場面では限界があるように思います。やはり、その場その場で、ほかの子に怒っている子に、「わざとやったのではない」という説明とともに、相手を許さなければいけないことを教える方が効果的です。

「わざと」と「わざとじゃない」の違いに気づきにくく、相手の行為をいつも「わざと」と思ってしまう子がいます。こういう子は、まわりといつも衝突し、ケンカや乱暴がたえなかったりします。

一方で、こういう子は、「わざとじゃない」が理解されると、相手を許せるようになり、問題行動が激減することがあります。乱暴する子には、友だちは「大事、大切」であること、また「わざとじゃない」ことが多いことを教える必要があります。

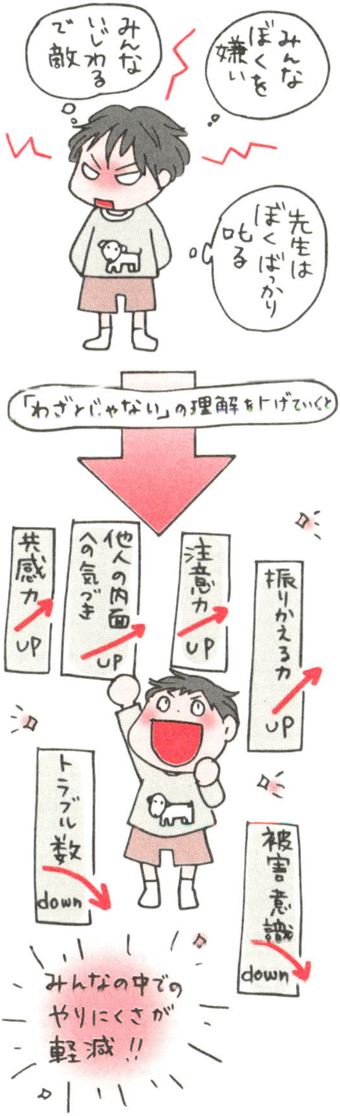

24

「上手」

子どもは、自分を認めてもらいたいと思っています。こういう気持ちを「社会的承認欲求」といいます。承認欲求が満たされれば、子どもは、自分の存在に自信が持てるようになり、精神的に安定します。前向きな意欲も高まります。

「上手」

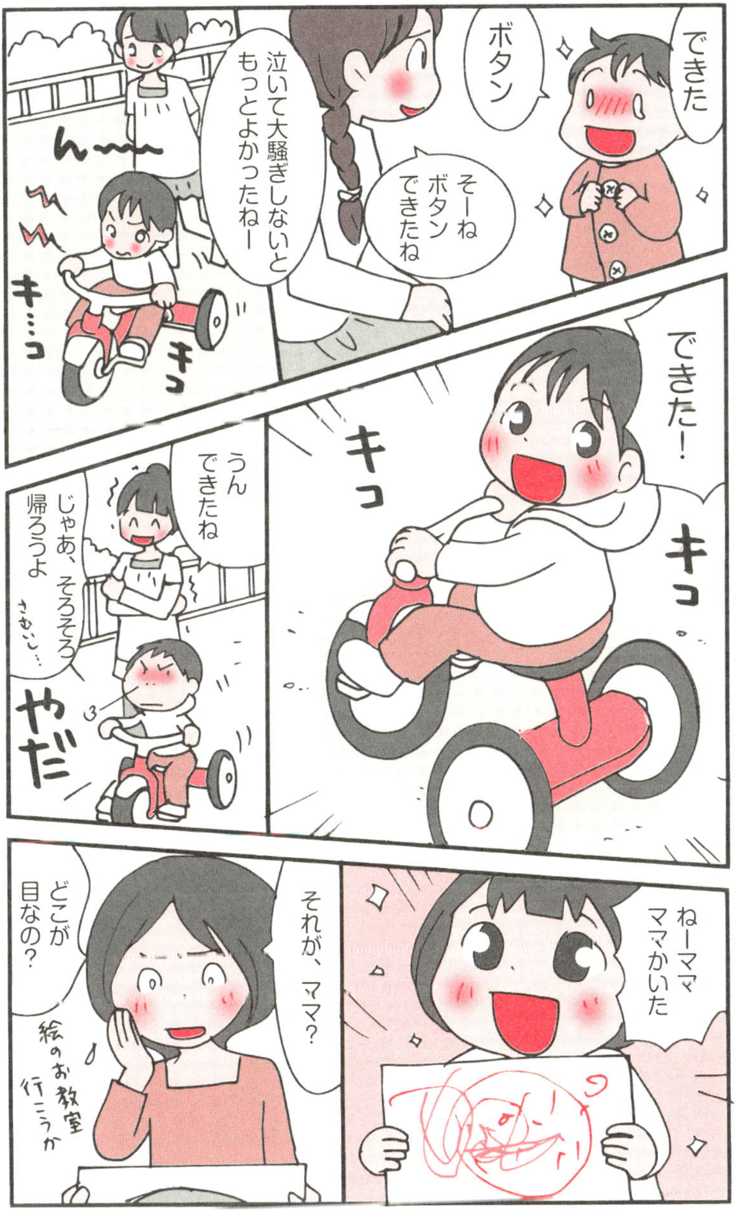
できた
ボタン
そーね ボタン できたね
泣いて大騒ぎしないと もっとよかったねー
んー
キ…ッ
キッ
できた!
キッ
キッ
うん できたね
じゃあ、そろそろ帰ろうよ
さむいし…
やだ
ねーママ ママかいた
それが、ママ?
どこが目なの?
絵のお教室行こうか

なぐり描きの絵を見たときの大人の反応

3歳前後の子どもが、形になっていない絵を描き、それを大人に「見て、見て」とせがむことがあります。この「見て、見て」の気持ちが、「社会的承認欲求」です。このときの大人の反応ですが、子どもの絵はお世辞にも上手には見えません。しかし多くの大人は、「すごいね、上手！」とほめます。こうやって、子どもの社会的承認欲求を満たしてあげます。承認欲求を満たされた子は、意欲的に絵を描くようになり、年齢とともに上手な絵が描けるようになります。

もしも、なぐり描きの絵を見て、「下手」と大人が正直に言ったとします。その結果として、子どもは絵を描くことに自信が持てなくなり、描かなくなる可能性さえあります。

結果ではなく、プロセスを認める大切さ

「できた」「まる」「百点」と、大人は結果で子どもを評価しが

ちです。結果で評価していると、子どもは難しい課題に挑戦しなくなるということが、ある研究で明らかになっています。「上手だね」と励ましながら、結果ではなく「すごいね」「がんばっているね」というように、子どもの取り組みの姿勢やがんばりを評価します。そうすると子どもは、難しい課題に挑戦する勇気が持てるようになり、成果を上げていくとされます。

似た役割を持つことば

「すごい」「よくやっている」「がんばっているね」など

…園で…

大きくなったら魔法使いキラリンになる
かなえキラ～ン
オレはライダーゴーロクになる
トォー
はーいキラリンさんはコップを持ってきて
ゴーロクはみんなで机をこっちに運んで
あら、昨日よりずっと早くお支度ができた**すごいなぁ**
あら！
❶ 今日の小さなできたを見逃さず、ほめてあげる
運び終わって何も言わないのにちゃんと並んで**えらい！**
さあ、なわとびよ
あら！ゆかちゃん**上手**になったね
うん
できないよ
上手になりたいよね！
先生といっしょにやってみよう
うん、そうそうヒュン、ヒュンって回すの
あ！**上手**
ヒュン！
ヒュン！
❷ がんばりたい、上手になりたいという心を育てる
すごい！**上手**になった

…家で…
できないよー
へんになったよー
いいと
思う
けどな
どこが気に
入らないの?
目のところが
いや!
ステキだと思う
けど…じゃあ
黒くしたら?
あら
よくなったよ
3
たとえ苦手でも
きっと上手に
なると励ます
よく
できたよ
そう?
それに
前みたいに
途中で投げ
出さなくなった!
エライ
4
子どもの
進歩を
受けとめ、
評価する
ママ
自転車の
練習したい
いいよ
がんばれ!
がんばれ!
すごい!
長くなったよ
ヨロ
ヨロ
ずいぶん
いろいろなことを
がんばるように
なったわ
がんば
るもん
5
自分自身への信頼
感を高め、自信を
持たせていく

Q&A

「ほめる」というのも慣れていないと照れくさいし、無理に言って「今日はヘンだ！」と子どもに厳しい指摘をされちゃいました。私はほめるのが下手みたいです。

日本人は、人をほめるのが苦手なのかもしれません。自分の子どもを「豚児」と表現したり、人に向かってわが子をほめることよりも、未熟で不足している点を強調したりします。マイナスに表現しながらも、では子どもがかわいくないかというと、決してそうではないことはお分かりいただけるでしょう。

子どもがほめるようなことをしない、というお母さんには「何でもいいからお手伝いをさせ、上手になっていることやがんばっていることをほめてください」と話します。大人が状況をあらかじめ設定して、ほめられるような仕組みをつくります。

「たとえ嫌いなことでも、がんばって取り組んで上手になる方がいい」と子ども自身が思えるのは素晴らしいな！と感心しますが、陰でまわりの大人がしっかりと土台を作ってあげているんですね。

子どもは、大人から承認されなければ自己安定感が持てません。このとき、大人は結果だけで評価しがちです。それについては用心した方がよく、子どもの努力、奮闘を認めるようにします。

　社会的承認欲求が満たされていない子は、自信が持てず、気持ちが不安定で、衝動的な言動が目立ったりします。こういう子に対して、できないこと、失敗したことばかりを注意して怒っていると、さらに反発し、問題とされる行動が拡大する可能性があります。

　家庭での承認が難しい場合には、園や学校で子どもに十分な承認を与える必要があります。また結果ではなく、努力していることを認め、励まします。承認欲求が満たされていない子への、認めるというアプローチに効果があらわれるには、時間がかかります。

25

「さようなら」

子どもが電車や船を見ながら手を振ります。その表情はニコニコしていて、楽しそうです。大人の「さようなら」と子どものそれは、本質的に意味が違うようです。子どもの「さようなら」には、「また会おうね」という願いが込められているように思います。

#「さようなら」

ねーねー おじーちゃんち？
幼稚園は
そう
幼稚園は しばらくお休み
パパは
パパは お仕事 終わったら 来る
えー
8番線新幹線 入ります
フォーン
うおお
これに 乗るよ
わー
バイバイ
ポク
ポク
ポク
ポク
ポク
おじい ちゃんは？
おじいちゃん 死んじゃったの
さあ、 さよなら してね…
…
ポク ポク ポク
さよなら して
ポク
ポク
ポク
うー
うっ
ポク
うう

「また会える」と「さようなら」

大人は、「さようなら」と言いながら、もう二度と会えないかもしれない、と思うことがあります。重病の知人などを見舞うときに、そういう気持ちを強くします。一方で子どもは、大人のような悲哀に満ちた感慨を持ちながら「さようなら」を使ってはいません。

「また会える」「またいっしょに楽しく遊べる」などと思いながら、「さようなら」を使っているように思います。だから「さようなら」を言うときに、子どもは笑顔のことが多いのでしょう。

気持ちのつながりを感じさせる

「さようなら」と言いながら、子どもは相手とのつながりを確認しているのかもしれません。「さようなら」と言いながら、「また会える」という思いを強めているようです。

「さようなら」が言えないときには、子どもなりに、つながりがなくなることへの恐怖を感じているのかもしれません。こういう場面では、「今度会えるからね」と話してあげ、子どもを安心させてあげた方がいいでしょう。

似た役割を持つことば

「今度ね」「またね」「また会おうね」など

…園で…
今日は大事なお話があるのでみんなちゃんと聞いててね
先生は今年の10月で先生をお休みします
え〜〜〜っ
でもまだ10月までたくさんあるよ
いっしょに運動会も遠足もできるよ！
❶子どもは突然の変化に弱いので、特別の出来事は早目に話しておく
それにね、先生がお休みの間はみんなの大好きな
もも先生がりすぐみに来るから大丈夫！
わー
はる先生はいつ帰ってくる？
❷先々の見通しがつくようにしてあげる
はる先生は赤ちゃんが産まれて、ちょっとしたら帰ってきまーす
赤ちゃん
みんなが卒園する前には帰ってくるから**また会えるよ**
まってね！
また遊べる？
早く遊ぼうね
❸また会えると伝え、安心させる

…家で…
おじいちゃん死んだの?
うん
残念だねーさみしいねー
もう会えない!? 会える?
うーん会えないけどね
でも大丈夫
あの辺にいるから
どこっ? いないよ
こっちから見えないけど、おじいちゃんから見えるの
えー
ふみくんがんばってねー応援してるよーって言ってるよ
急にびっくりさせてごめんね、見てるからね、心配しないでね、だって
大きくなると聞こえるの?
そう
4 子どもの心配や不安をなるべく軽減してあげる
あーパパだ
ほら来たでしょう
ママはウソつかないよ!
5 安定した日常に近い生活ができるように極力配慮していく

Q & A

確かに子どもって、変わらない日常や退屈な繰り返しの毎日を愛していて、そこで安心して暴れていますよね。

前にも話しましたが、子どもはだれかから守ってもらえないと生きていけない弱さを持っています。子どもには、たくさんの人の温かい目と適切な関心と関わり、それから温室のような環境が必要です。

それらがなければ、子どもは安心、安定ができず、意欲を持って、子どもらしく活発に行動することができません。

子どもに「わからないからいいや」と説明しなかったことで不安定になってしまい、「わからなくとも説明の努力をすればよかった」と何度も反省しました。

「子どもだから」「子どもには無理」といった発想ではなく、「どうやったら理解できるか」「どう言えば通じるか」と大人は考えるべきです。それには、子どもの理解力を適切に把握し、それをベースにしながら、コミュニケーションの際に創意工夫をする必要があります。そういった配慮を行いながら、子どもに状況や理由を伝えたいものです。子どもは、わからないままでは理解は進まず、また不安にもなるでしょう。

祖父母などのお葬式のときに、「最後のお別れだから『さようなら』と言いなさい」と言われても「さようなら」と言えない子どもがいます。子どもの用法では、「さようなら＝また会おうね」であり、亡くなった人にはもう二度と会えないとわかっているので、お別れのことばが言えないのでしょう。

また、そのような子どもが日常に戻り、親しい人などに「さようなら」を言わなくてはいけない場面では、「また会えるからね」ということばを添えてあげると、安心するかもしれません。

26

「ありがとう」

子どもに「ありがとう」と言わせる場面があります。「ありがとう」を子どもに教えるとともに、大人は子どもに対して「ありがとう」とたくさん言いましょう。「ありがとう」と言われることで、子どもは自分が役立ち、なくてはならない存在という意識を持てるようになるからです。

「ありがとう」

さっちゃんお誕生日プレゼント
おり紙！
あー
これ何
ペンギン
へー
…
よっちゃんクツが園庭に出てたから
あ！ヤベ
なんだよこれオレのじゃないじゃん
出てたからしまったって言おうと…
早く言えっちゅーの
アホかっ
戦闘の途中だっつーのに
これ、きなちゃんの服ですよね、山口さんのバッグに入っていたので洗ってくれたそうで
きれいに袋入り
やだ！探しまくってたんですよ！

「ありがとう」のことばが、役に立つ存在であることを伝える

「ありがとう」は、「自分は役に立つ存在」ということを子どもに伝えます。

子どもに「ありがとう」と言い続けていると、大人の子どもへの見方が変わります。大人は子どものできないところ、不足している点など、マイナスな面ばかりに目が行きがちですが、子どものやれること、できるものへと目が向くようになります。「ありがとう」のことばが、子どものよいところを気づかせてくれます。

大切な存在というメッセージ

人に「ありがとう」と言うときには、相手を強く意識し、感謝しています。子どもに言うときも同じで、子どもの姿をよく見ていないと、「ありがとう」は言えません。子どもからすれば、大人の心にいつも自分があることで安心もできます。「ありがとう」

のことばは、子どもに自分は「大切な存在」であるという意識を持たせてくれます。

子どもにも言わせたい「ありがとう」の一言

もちろん子どもにも、家族も含めて人から何かしてもらったときには、「ありがとう」と言わせましょう。「ありがとう」ということばは、人の心に感謝の気持ちを生み出します。感謝の気持ちがあれば、さまざまな出来事に対して、勇気を持って当たれるようにもなるでしょう。

似た役割を持つことば

「うれしい」「喜んでいます」「感謝しています」など

…園で…
物をもらったときは「ありがとう」と言わせる
わあーお手紙くれるんだって
「ありがとう」は？
ありがとう
うん
えっちゃんこれ落ちてたよ！
あ！連絡帳！
拾ってくれたんだ
人に何かしてもらったときも「ありがとう」を言わせる
ありがとう
れんらくちょう
よかったね
あの先生！これ、けんじが園の工作で使うからって家で集めていて
空き箱です
あら、すごーい！みんな聞いて！
けんじくんがみんなで使えるように空き箱を集めてくれていたの！
わーー！
いっぱい！
けんじくんのやさしい気持ちに「ありがとう」って言おうね
ありがとう
人の気づかいにもお礼を言わせる

4
日ごろから「ありがとう」をことばに出す
…家で…
こんにちは 先日はありがとうございました
あの人だれ？
お向かいのおじいさん
この前、毛虫のやっつけ方教えてくれたの
助かったの～
5
物をもらったとき以外の「ありがとう」を教える
パラパラ
雨だわ
傘あるよー
急いで買い物に行こうね
あーん
木元さーん
洗濯物出しっぱなしだったわよー
あーっ 忘れてた
ありがとうございます
ありがと？
6
「ありがとう」と言うべきときも教えていく
うん！教えてもらったから、ありがとう！

Q & A

「ありがとう」は言う方も言われる方も気持ちいいですね。相手の気持ちや心づかいに対する「ありがとう」はいろんな場面を体験しないと難しいですね。

「ありがとうと言いなさい」と、子どもが大人から教わっている場面をよく見ます。「ありがとう」と言って感謝する気持ちは、人間に必然的に備わっていて自然に出てくるものではないのかもしれません。人から教わることで、感謝の念が持てるようになるのでしょう。

「ありがとう」の使い方は、その場その場で教えていきましょう。例えば何か物をもらったときに、相手や場面、流れなどによって「ありがとう」を使うかどうかが変わるからです。

また、「ありがとう」は家族の間で使うほどに、絆を深めるように感じます。

「ありがとう」は、毎日の関わりのなかで使う機会が多くて、まわりが気持ちよくなるものなので、特にたくさん言ってほしいことばですね。

「ありがとう」は言う方も言われた方も、幸せになることばでもあります。

「ありがとう」のことばには、これまで述べてきたように、深い意味、価値のあるメッセージが含まれています。子どもも含め、人に対して、もっともっと「ありがとう」と言いましょう。

「ありがとう」と言ってもらえない子は、自分は役立つ存在という意識を持てずに育っていく可能性があります。役立てるという意識の弱さが、集団に帰属するときの障壁となるのかもしれません。この障壁のために、子どもは集団に入れず、集団から守られているという気持ちが持てません。

「上手」という社会的承認と、「ありがとう」という自分は役立つ存在という意識が、将来の社会参加になくてはならない要素とも感じます。

おわりに

初めて発達協会を訪れた20年前、私はまだ息子のしょうがいが把握できず、途方にくれ、くたびれはてて目つきの悪い「残念な感じ」のお母さんでした。

やがて息子が広汎性発達障害とわかり、療育指導を受け始めましたが、当初先生方が手を焼いたのは案の定、息子よりもまず何かにつけ素直さに欠け、反抗的な私の方で、当時を思い出すとありがたい申し訳ないような気持ちです。

そして息子も立派に社会人になれた今、振り返ると、私が教えていただいていたことは「正しい愛情」の注ぎ方であり、その努力の仕方が間違っていなければ、子どもだけでなく家族全員が幸せに生活できるようになるということでした。そしてそのためには今何をすべきかをていねいに辛抱強く教えていただきました。

そんな生活の中、湯汲先生とは長年にわたり定期的に面談をさせていただいていました。次から次に出てくるその時代の悩みや困ったことを相談するたび、耳障りのいい気休めの言葉ではなく、愛情に満ちた真摯な助言

と励ましをしてくださり、本当に力づけられました。帰り道では「湯汲先生って私の子どもに対して、私より愛情を持ってるんじゃないかなぁ」なんて思ったものです。

そして今、そんな湯汲先生と、子ども関係のマンガを描いている私がいっしょに仕事をさせていただけるとは、夢のようなチャンスをいただき感激しています。

考えてみればしょうがいのある息子を授かったこと、発達協会を紹介してもらえ多くの先生方に出会え、教えていただけたこと、そして今回、鈴木出版の永吉さん、菊池さんにこの本のお話をいただけたこと、何より湯汲先生に出会えたこと…すべて私にとっては幸せな偶然の積み重ねだったし、関わらせていただけた皆さんには感謝の気持ちでいっぱいです。

今回この本を読んでくださった皆さんとその後ろにいるお子さんに、この本を通して手助けができ、毎日に笑顔と余裕が増えたなら、これほどすてきなことはないと思っています。今日の努力はきっと喜びに満ちた未来に繋がっていると信じてください。

齊藤　恵

著者略歴

湯汲英史（ゆくみえいし）

言語聴覚士・精神保健福祉士

早稲田大学第一文学部卒

公益社団法人 発達協会　王子クリニック リハビリテーション室、同協会常務理事

早稲田大学非常勤講師、練馬区保育園巡回相談員など

『「わがまま」といわれる子どもたち』（鈴木出版）、『切りかえことば22』（鈴木出版）、『発達促進ドリル』（鈴木出版）、『なぜ伝わらないのか、どうしたら伝わるのか』（大揚社）、『決定権を誤解する子、理由を言えない子』（かもがわ出版）など著書多数

◆発達協会ホームページ http://www.hattatsu.or.jp

マンガ・イラスト・カバーデザイン　齊藤　恵

本文デザイン　(株)アルファ・デザイン

編集担当　菊池文教　乙黒亜希子

子育てが楽になることばかけ

関わりことば26

2013年7月 9 日　初版第1刷発行

2016年1月29日　初版第2刷発行

著　者　湯汲英史

発行人　鈴木雄善

発行所　鈴木出版株式会社

〒113-0021　東京都文京区本駒込6-4-21

電話 03-3945-6611　FAX 03-3945-6616

振替 00110-0-34090

◆鈴木出版ホームページ http://www.suzuki-syuppan.co.jp/

印刷所　図書印刷株式会社

ISBN978-4-7902-7237-3　C0037